사이툴로 그리는 디지털 아트의 세계

놀이처럼 그림을 그리고 즐길 수 있는 '사이툴로 그리는 재미있는 미술수업'과 함께 한계가 없는 상상력의 세계를 표현해요.

『페인트 툴 SAI』는 부담 없이 기분 좋게 그림을 그릴 수 있는 것을 목표로 개발된 페인트 툴입니다. 터치의 다이렉트감, 그리기의 아름다움, 조작성의 간편함 등, 쾌적하게 그림을 그리기 위한 성능을 추구하여 개발된 윈도용 래스터 그래픽스 편집기이자 도색 소프트웨어입니다. SYSTEMAX 소프트웨어가 개발하고 출시한 페인팅 소프트웨어로 그림을 그릴 때 쉽고 안정적인 동작을 제공하여 처음 그림을 그리는 사용자도 쉬운 인터페이스와 다양한 툴로 디지털 아트를 더 즐겁고 흥미롭게 느낄 수 있을 것입니다. 사이툴을 통해 얻을 수 있는 효과는 아래와 같습니다.

1. 회화 기법을 배울 수 있어요.

미술 수업에서만 접할 수 있는 다양한 회화 기법인 점묘법, 데칼코마니, 캘리그래피, 스크래치 기법, 모자이크, 스텐실 기법, 콜라주 기법을 경험하고 디자인의 세계인 주얼리 디자인, 패션 디자인, 일러스트, 카툰, 웹툰, 코믹만화, 순정만화 등을 컴퓨터 수업을 통해 직접 그림을 그리는 방법을 배울 수 있어요.

2. 창조성을 기를 수 있어요.

발상 능력을 단련시키기 위해 주어진 다채로운 주제를 자신만의 해석으로 풀어가는 과정을 통해 발상 능력을 단련시킵니다.

3. 감성이 발달해요.

그림을 통해 자신의 감정, 생각을 밖으로 끄집어내는 데 도움이 됩니다. 감정을 말로만 표현하는 것이 아니라 그림을 그리며 풀어낼 수 있어 내면이 깊어지고 감성이 풍부하게 발달합니다.

초등미술교육에서 가장 중요한 것이 그림을 그리는 것이라 생각하지 않고 미술을 이해하고 미적 감각을 키우는 것이라는 생각으로 컴퓨터로 그리는 재미있는 미술수업을 이 책에 담았습니다. 사이툴로 그림을 그리는 시간만은 아이들의 무한한 상상력과 따뜻한 감성이 발달하길 바랍니다.

꼭 기억하세요!

상담을 원하시거나 아이가 컴퓨터 수업에 출석할 수 없는 경우 아래 연락처로
미리 연락 주시기 바랍니다.

타수체크

초급단계

월 일	월 일	월 일	월 일	월 일	월 일
월 일	월 일	월 일	월 일	월 일	월 일
월 일	월 일	월 일	월 일	월 일	월 일
월 일	월 일	월 일	월 일	월 일	월 일
월 일	월 일	월 일	월 일	월 일	월 일

중급단계

월 일	월 일	월 일	월 일	월 일	월 일
월 일	월 일	월 일	월 일	월 일	월 일
월 일	월 일	월 일	월 일	월 일	월 일
월 일	월 일	월 일	월 일	월 일	월 일
월 일	월 일	월 일	월 일	월 일	월 일

고급단계

월 일	월 일	월 일	월 일	월 일	월 일
월 일	월 일	월 일	월 일	월 일	월 일
월 일	월 일	월 일	월 일	월 일	월 일
월 일	월 일	월 일	월 일	월 일	월 일
월 일	월 일	월 일	월 일	월 일	월 일

이 책의 차례

Contents

입체도형

점·선·면을 기본으로 하여, 구· 원기둥· 원뿔·각기둥· 각뿔·다면체 등 공간 내에 있는 각종 도형을 입체도형이라고 해요.

학습 목표
- 입체도형을 그리는 방법을 알아봅니다.
- 레이어의 표시·숨김 기능을 알아봅니다.

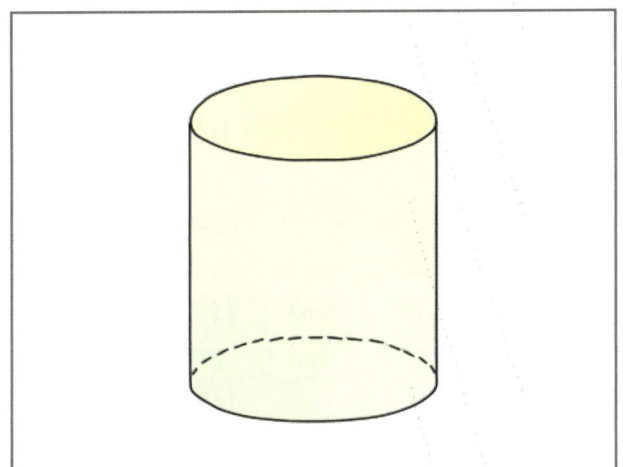

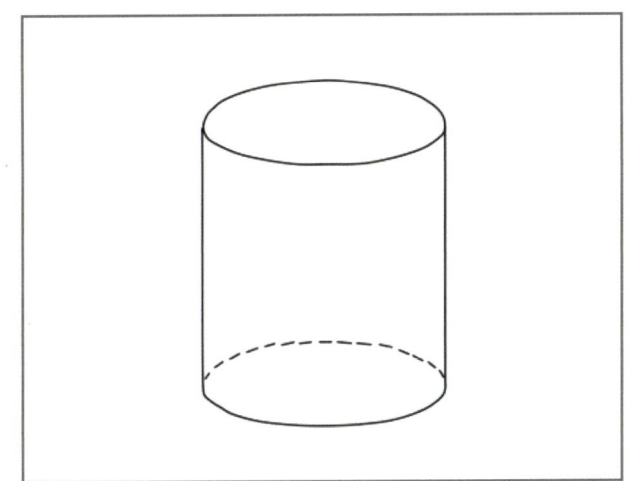

 **드로잉**

드로잉이란 채색을 하지 않고 주로 선으로 표현하는 회화를 말해요. 흔히 '소묘'라고 하며, 프랑스어로 '그리다'는 뜻을 가진 '데시네'에서 유래한 '데생'이라고도 해요. 드로잉은 건축, 회화 등 작품의 밑그림, 운동감, 해부학, 등의 회화적 표현 및 탐구의 목적으로 그려지기도 하며, 완성작을 위한 습작, 독립된 작품으로서의 드로잉 등, 다양한 목적과 그에 맞는 종류로 구분되어 있어요.

01 사이툴의 화면구성

드로잉을 쉽고 편리하게 할 수 있는 '사이툴' 프로그램의 구성과 메뉴의 역할을 알아보아요.

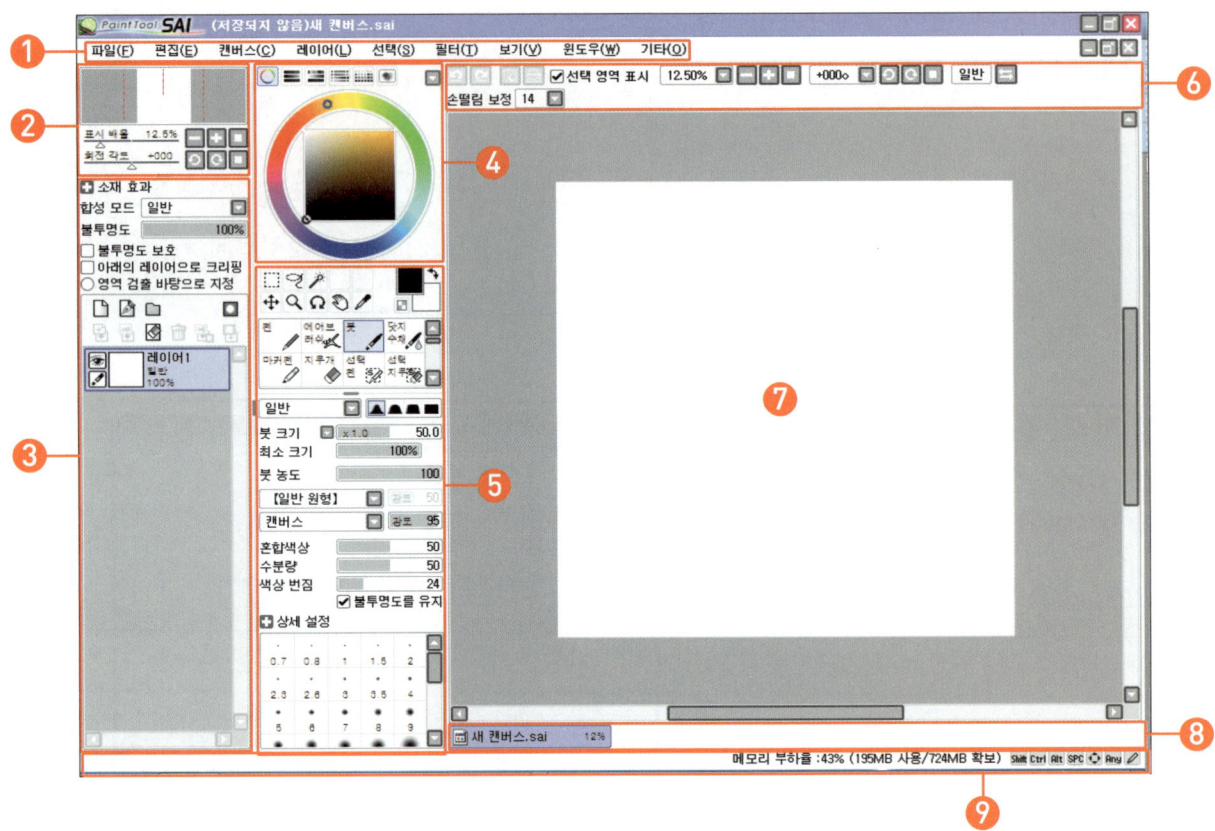

❶ **메뉴 바** : 사이툴 프로그램의 메뉴표시 줄입니다.

❷ **네비게이터** : 작업영역 보기를 스크롤 및 확대 축소, 회전을 제어합니다.

❸ **레이어 패널** : 각 레이어의 설정을 제어합니다.

❹ **색상 패널** : 다양한 방법으로 색상 선택을 제공합니다.

❺ **도구 패널** : 도구 목록 및 설정을 보여줍니다.

❻ **퀵 바** : 바로가기와 같은 유용한 몇 가지 버튼을 제공합니다.

❼ **작업영역 보기** : 현재 작업 중인 캔버스를 보여줍니다.

❽ **보기 바** : 각 작업영역 보기를 선택할 수 있습니다.

❾ **상태 바** : 현재 상태에서 몇 가지 유용한 정보를 알려줍니다.

02 드로잉 준비

◎ **연습파일** : 01강_원기둥.sai　　● **완성파일** : 01강_원기둥_완성.sai

입체도형이 그려진 캔버스를 열어 드로잉에 필요한 레이어와 도구를 선택한 후 준비된 도형을 따라 그려요.

01 도형 캔버스를 열기 위해 [파일] 메뉴에서 [캔버스 열기]를 클릭해요.

02 [캔버스 열기] 대화상자가 나타나면 '01강_원기둥.sai' 파일을 선택한 후 [열기] 버튼을 클릭해요.

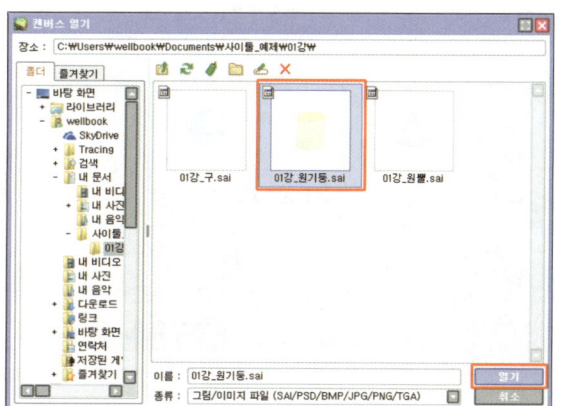

03 그림과 같이 '원기둥'이 나타나면 드로잉 연습을 하기 위해 '레이어 패널'에서 [라인워크 레이어의 새 생성](　)을 클릭해요.

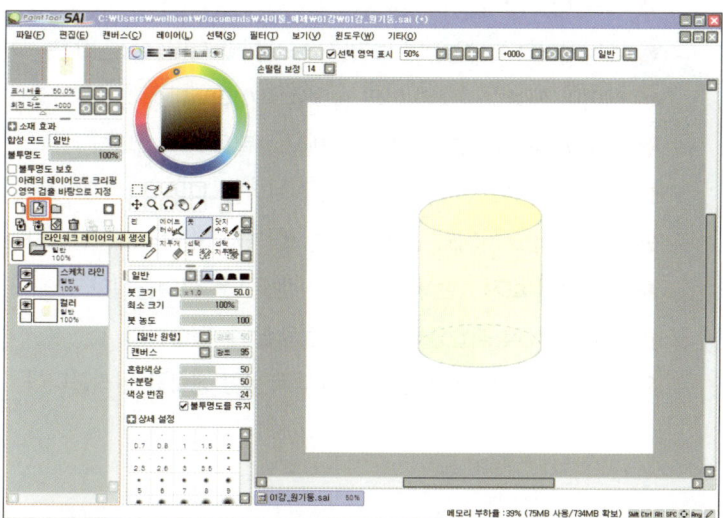

04 라인워크 레이어가 생성되면 쉽게 드로잉할 수 있도록 '사용자 지정 도구'에서 [곡선]( )을 클릭하고 '붓 크기'를 [3]으로 선택해요.

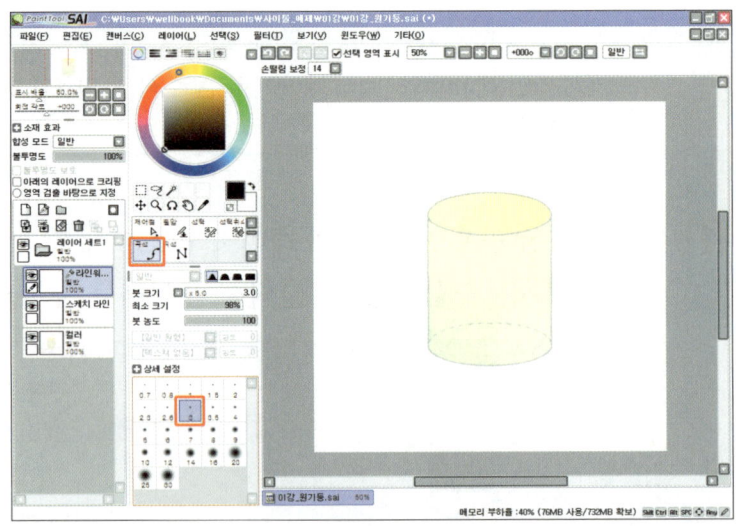

05 '원기둥'을 드로잉하기 위해 '라인 워크 레이어'에서 [곡선]( )을 이용해 그림과 같이 선을 따라 그린 후 선이 만나는 부분에서 '더블클 릭'하여 '원'을 드로잉해요.

Ctrl + Z 를 눌러 잘못 그린 선을 되돌릴 수 있어요.

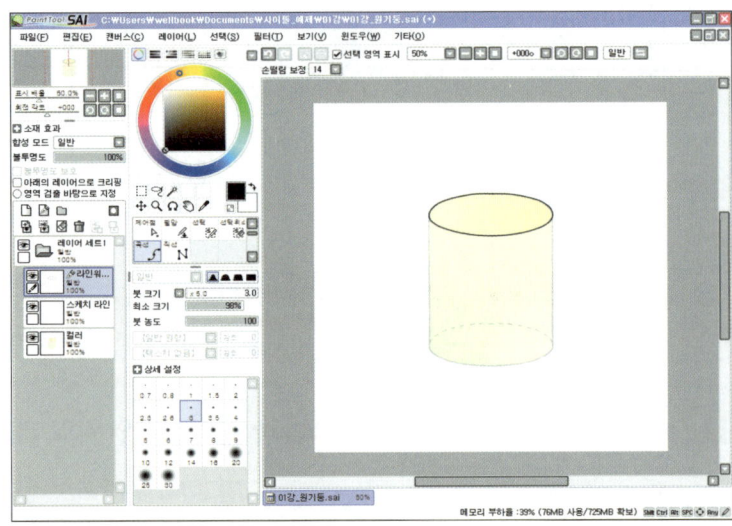

06 '원'에 기둥을 만들기 위해 그림과 같이 선을 따라 그려 '원기둥'을 완성해요.

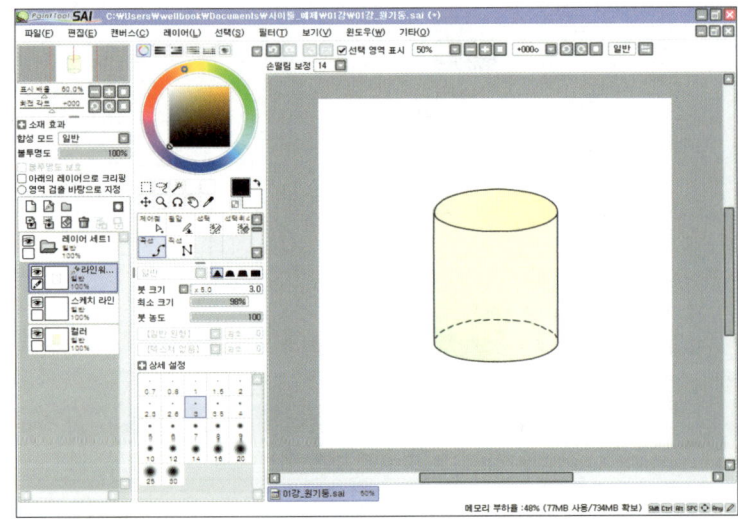

드로잉 실력을 뽐내요.

'스케치 라인 레이어'와 '컬러 레이어'를 숨겨 직접 '라인워크 레이어'에 드로잉한 원기둥으로 그림 실력을 뽐내요.

01 완성된 드로잉을 보기 위해 레이어 리스트에서 '스케치 라인 레이어'와 '컬러 레이어'의 [레이어의 표시·숨김](👁)을 클릭해 레이어를 숨겨요.

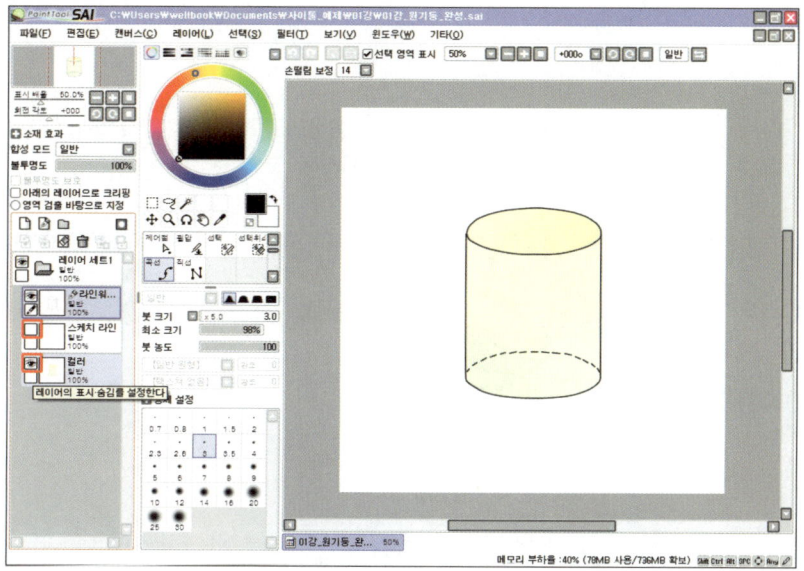

02 두 개의 레이어를 숨기면 그림과 같이 '라인워크 레이어'에 직접 드로잉한 원기둥만 나타나요.

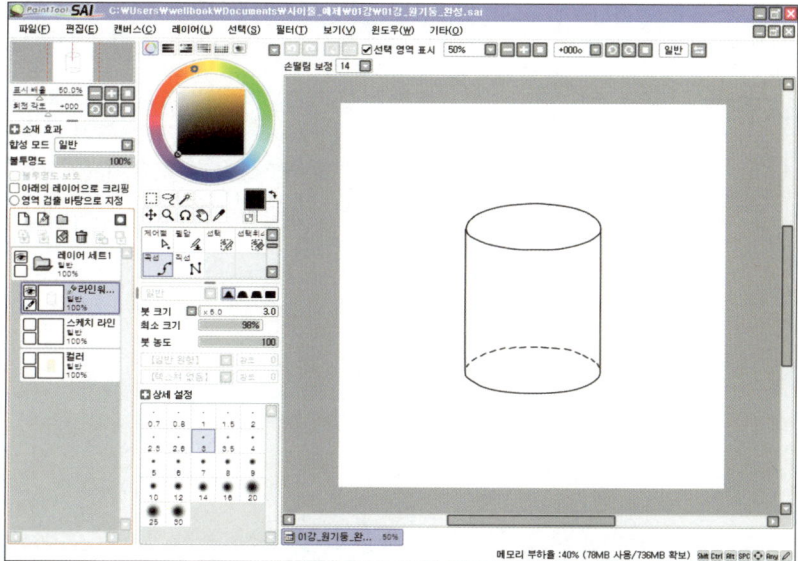

1 '원뿔'을 드로잉한 후 '레이어의 표시 · 숨김'을 클릭해 그림과 같이 완성해요.

 연습파일 : 01강_원뿔.sai　　● 완성파일 : 01강_원뿔_완성.sai

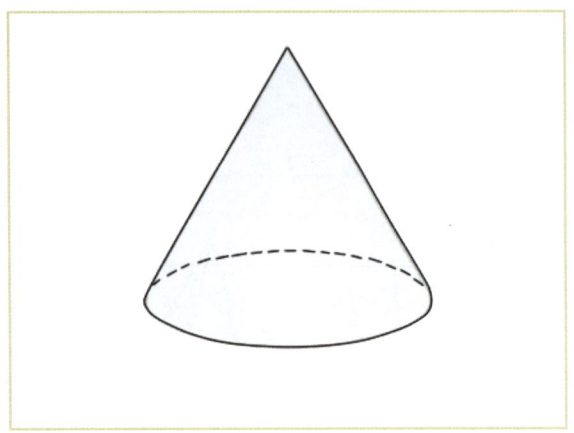 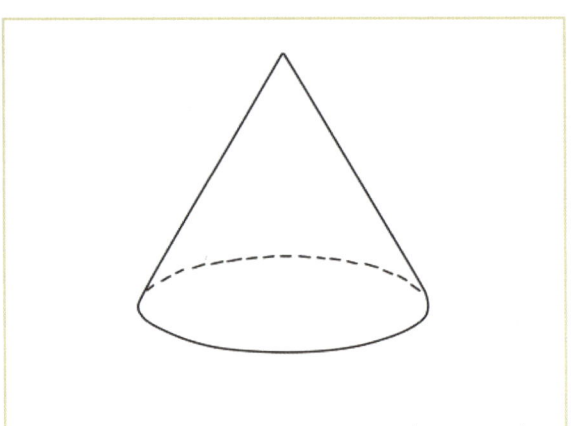

2 '구'를 드로잉한 후 '레이어의 표시 · 숨김'을 클릭해 그림과 같이 완성해요.

연습파일 : 01강_구.sai　　● 완성파일 : 01강_구_완성.sai

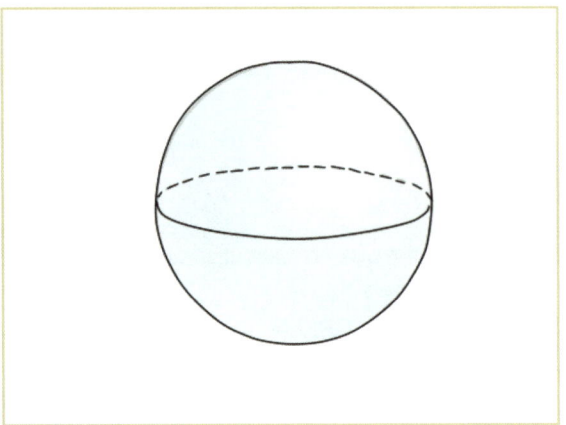 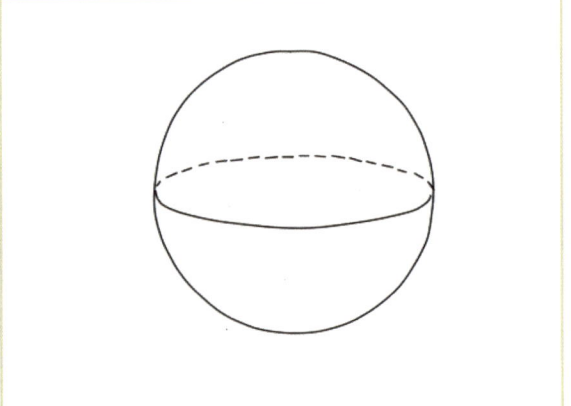

다면체 입체도형

다각형들을 면으로 가지는 입체도형 다면체의 종류를 알아보고 그림으로 그려 완성해 봅니다.

학습 목표
- RGB 슬라이더를 이용해 색상을 만들어봅니다.
- 다양한 선색으로 다면체 입체도형을 그려봅니다.

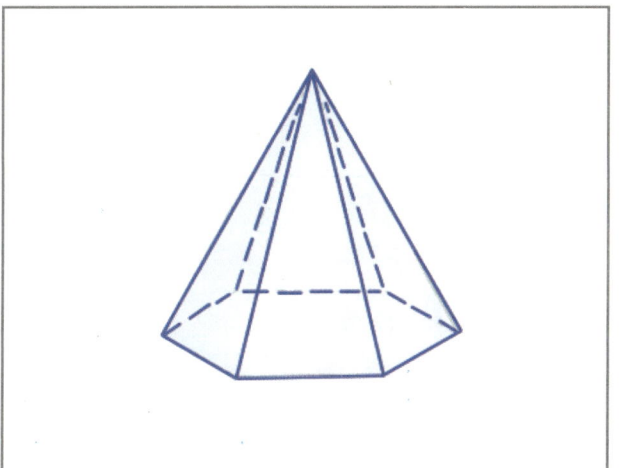

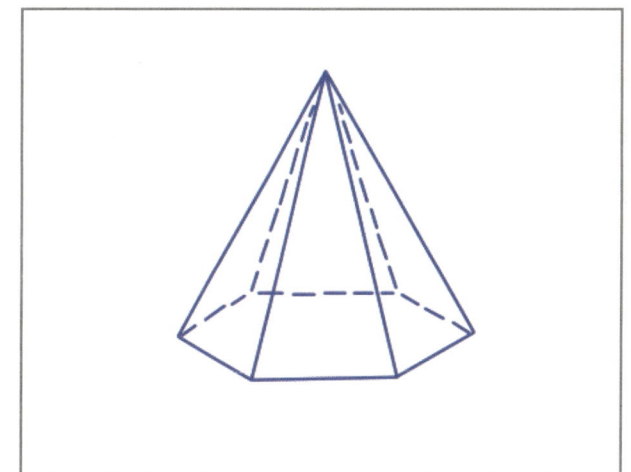

 **RGB(적녹청)**

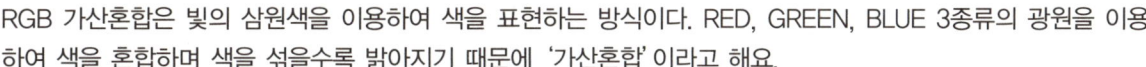

RGB 가산혼합은 빛의 삼원색을 이용하여 색을 표현하는 방식이다. RED, GREEN, BLUE 3종류의 광원을 이용하여 색을 혼합하며 색을 섞을수록 밝아지기 때문에 '가산혼합'이라고 해요.

◎ 연습파일 : 02강_육각뿔.sai   ● 완성파일 : 02강_육각뿔_완성.sai

01 RGB 슬라이더로 색상을 만들어요.

적색, 녹색, 청색을 섞어 원하는 모든 색을 만들 수 있는 RGB 슬라이더를 사용해요.

01 '02강_육각뿔.sai' 파일을 불러와요. '육각뿔'을 불러온 후 드로잉을 하기 위해 '레이어 패널'에서 [라인워크 레이어]( )를 클릭해요.

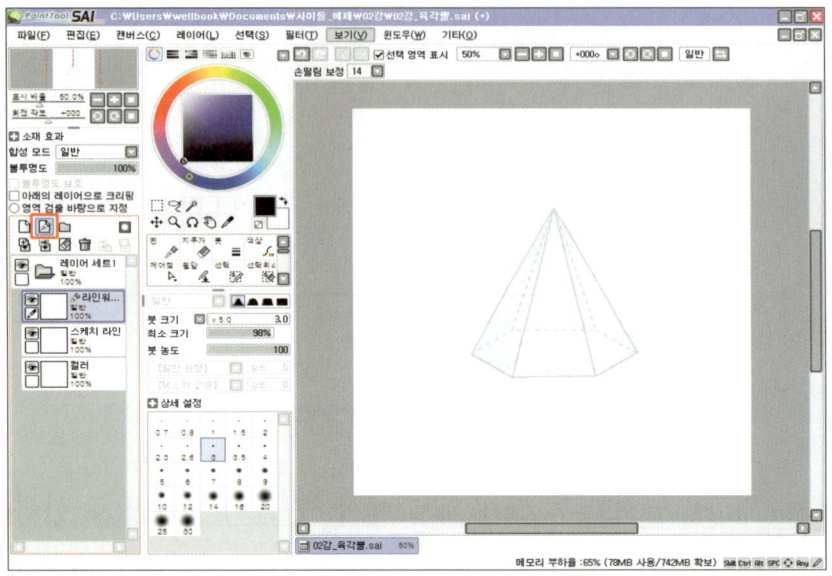

02 RGB 슬라이더 표시를 이용해 선색을 변경하기 위해 '색상 패널'에서 [RGB 슬라이더의 표시 ON/OFF]( )를 클릭해요.

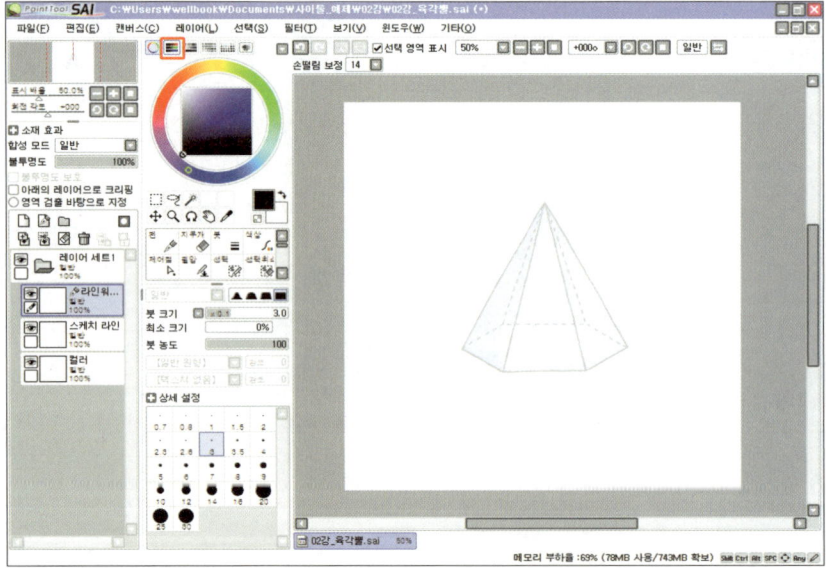

03 'RGB 슬라이더' 표시가 나타나면 '보라색'을 만들기 위해 [RGB 슬라이더](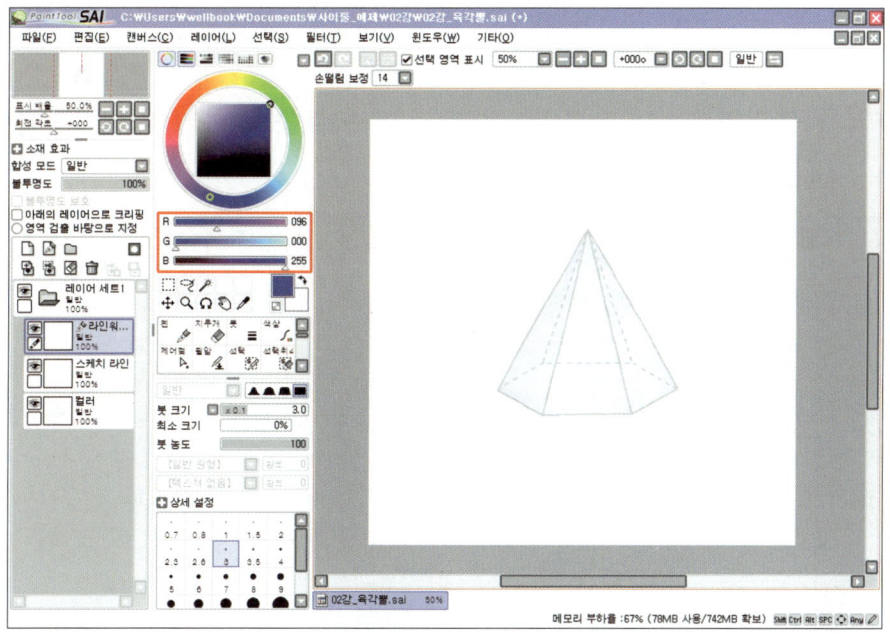)를 조정해
(R:96, G:0, B:255)로 변경해요.

04 '사용자 지정 도구'에서 [직선](N)을 클릭한 후 '도구 패널'에서 '붓 크기'를 [6]으로 선택해요.

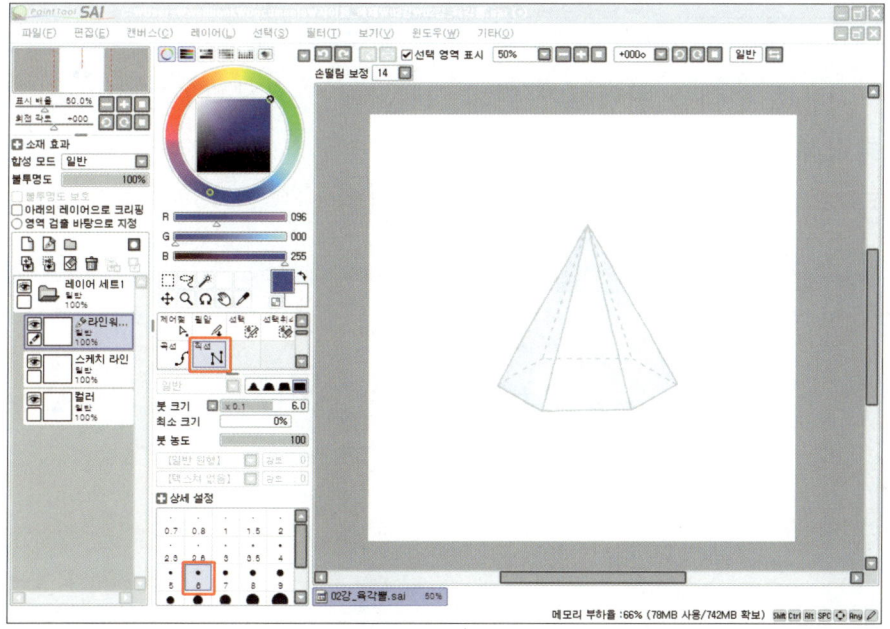

05 '직선' 도구를 이용해 그림과 같이 '육각뿔'의 한 면을 그리고 선이 만나는 꼭지점에서 '더블클릭' 해요.

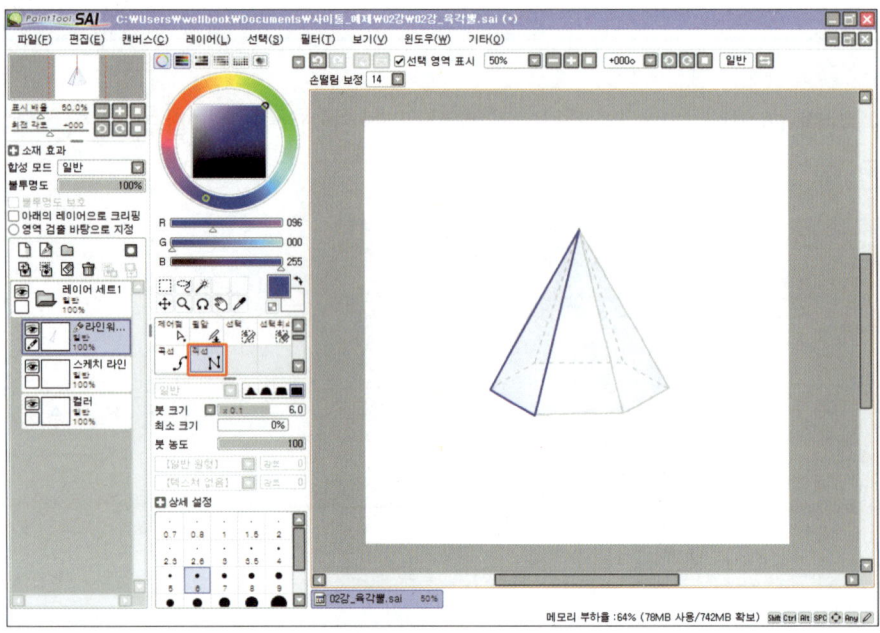

06 그림과 같이 '육각뿔'의 면을 모두 그려 완성해요.

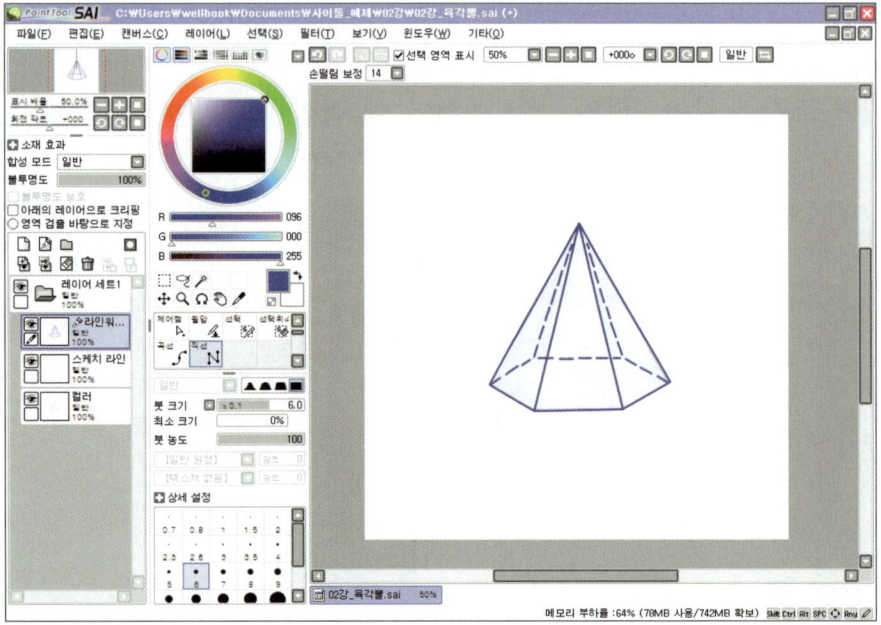

'육각뿔'로 드로잉 실력을 뽐내요.

'스케치 라인 레이어'와 '컬러 레이어'를 숨겨 직접 '라인워크 레이어'에 드로잉한 육각뿔로 그림 실력을 뽐내요.

01 완성된 드로잉을 보기 위해 레이어 리스트에서 '스케치 라인 레이어'와 '컬러 레이어'의 [레이어의 표시·숨김](👁)을 클릭해 레이어를 숨겨요.

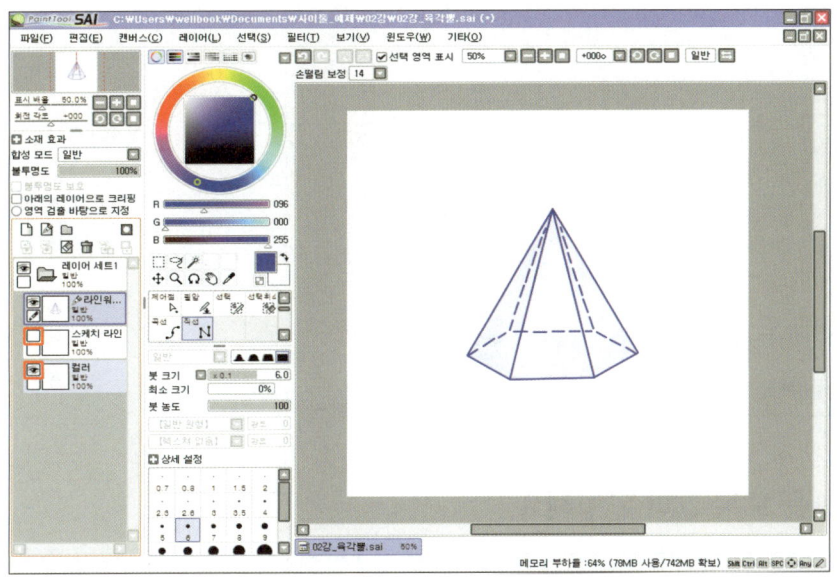

02 두 개의 레이어를 숨기면 그림과 같이 '라인워크1 레이어'에 직접 드로잉한 '육각뿔'만 나타나요.

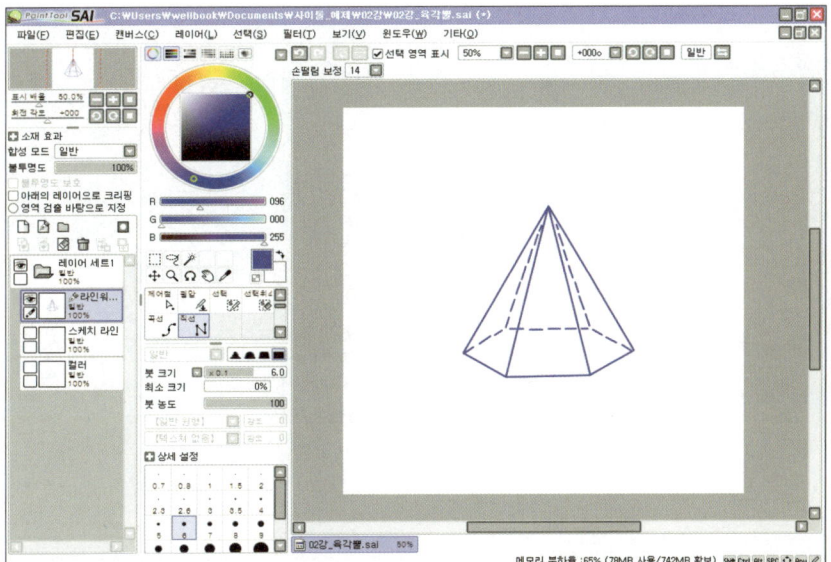

1 'RGB 슬라이더'를 조정해 (R:000, G:084, B:255) 선색을 '파란색'으로 만든 후 '사각 기둥'을 드로잉해요.

◎ 연습파일 : 02강_사각기둥.sai   ● 완성파일 : 02강_사각기둥_완성.sai

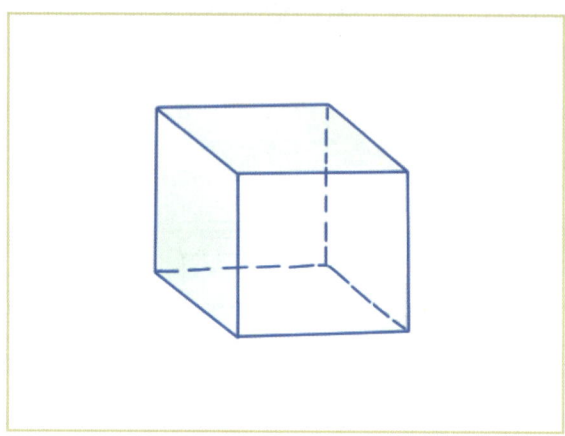
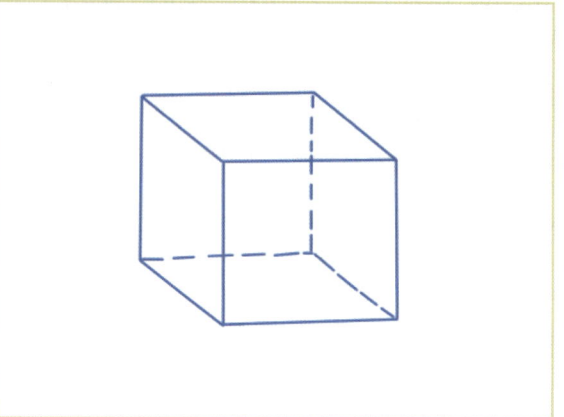

2 'RGB 슬라이더'를 조정해 (R:255, G:000, B:000) 선색을 '파란색'으로 만든 후 '삼각 뿔'을 드로잉해요.

◎ 연습파일 : 02강_삼각뿔.sai   ● 완성파일 : 02강_삼각뿔_완성.sai

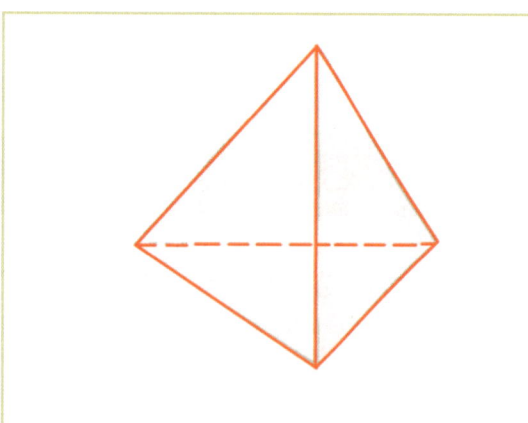
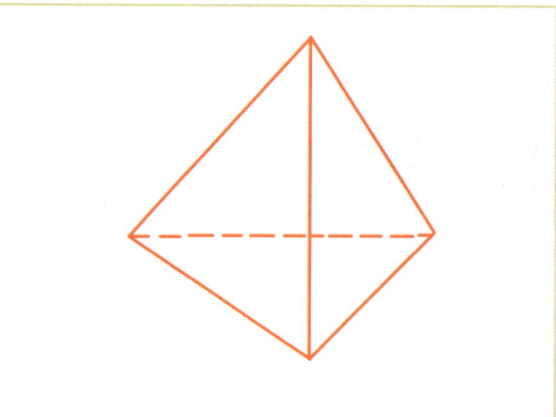

03강 정물화를 그려요.

움직이지 않는 대상을 그리는 정물화를 '일반 레이어'와 '라인워크 레이어'를 이용해 드로잉하여 멋지게 표현하는 방법을 배워요.

학습 목표
● 손떨림을 보정하는 방법을 알아봅니다.
● 레이어를 삭제하는 방법을 알아봅니다.

 정물화

프랑스어의 과장된 이름에서 짐작할 수 있듯이 정물화란 자연적 환경과는 동떨어진 장소에 움직이지 않는 즉, 죽은 대상을 화가의 미적 시각에 따라 화폭에 담는 그림의 한 형태이다. 정물화에서 흔히 보게 되는 이 죽은 대상들은 과일, 꽃, 채소, 도자기, 유리잔 등이 있어요.

 음료수병을 드로잉해요.

드로잉할 때 흔들리는 선을 '손떨림 보정'을 이용해 원하는 모양으로 쉽게 그릴 수 있도록 지정해요.

01 '03강_음료수병.sai' 파일을 불러와요. [라인워크 레이어]( )를 추가한 후 '사용자 지정 도구'에서 [곡선]( )을 선택하고 '붓 크기'는 [3]으로 선택해요.

02 드로잉할 때 흔들림을 방지하기 위해 [손떨림 보정]을 'S-3'으로 선택해요.

03 선택된 '곡선' 도구를 이용해 그림과 같이 '음료수병'을 드로잉해요.

04 드로잉이 끝나면 'CoCa'를 그리기 위해 [일반 레이어](□)를 추가해요.

05 추가된 '레이어2'에 'CoCa'를 그리기 위해 색은 [RGB 슬라이더]()를 (R:255, G:000,B:000)으로 조정한 후 '사용자 지정 도구'에서 [연필]()을 선택하고 '붓 크기'는 [9]를 선택해요.

06 '연필' 도구를 이용해 그림과 같이 'CoCa'를 그려요.

'CoCa'를 그릴 때 밑그림 선이 보여도 괜찮아요.

레이어를 삭제해요.

레이어 리스트에서 준비된 밑그림을 삭제하기 위해 '레이어 패널'에서 '레이어의 삭제' 기능을 사용해요.

01 밑그림을 삭제하기 위해 '레이어 리스트'에서 '레이어1'을 선택한 후 '레이어 패널'에서 [레이어의 삭제](🗑)를 클릭해요.

02 밑그림으로 사용된 '레이어1'이 삭제되면 그림과 같이 깔끔하게 드로잉된 '음료수병'을 볼 수 있어요.

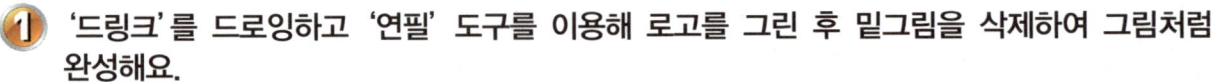

1 '드링크'를 드로잉하고 '연필' 도구를 이용해 로고를 그린 후 밑그림을 삭제하여 그림처럼 완성해요.

◎ **연습파일** : 03강_드링크.sai　　● **완성파일** : 03강_드링크_완성.sai

2 '우유'를 드로잉하고 '연필' 도구를 이용해 로고를 그린 후 밑그림을 삭제하여 그림처럼 완성해요.

◎ **연습파일** : 03강_우유.sai　　● **완성파일** : 03강_우유_완성.sai

정물화 채색

과일, 빵, 꽃은 모두 정물화를 그릴 수 있는 대상으로 그 중 움직이지 않는 사물인 사과를 드로잉한 후 채색하는 방법을 배워요.

학습 목표
- '자동선택' 도구의 기능을 알아봅니다.
- '페인트 통' 도구의 사용 방법을 알아봅니다.

 **정물화를 그린 빈센트 반 고흐**

빈센트 반 고흐는 네덜란드 화가로 서양미술사상 가장 위대한 화가 중 한 사람으로 여겨요. 그는 그의 작품 전부를 정신질환을 앓고 자살을 감행하기 전 단지 10년 동안에 모두 만들어냈어요. 그는 생존기간 동안 거의 성공을 거두지 못했지만, 파리에서 71점의 반 고흐의 그림을 전시한 이후 그의 사후 명성은 급속도로 커졌다.

01

남몰래먹은 사과를 색칠해요.

색을 채우고 싶은 영역을 한 번에 색칠할 수 있는 페인트 통 도구를 이용해 손쉽게 채색해요.

01 '04강_사과.sai' 파일을 불러와요. '레이어 패널'에서 [라인워크 레이어](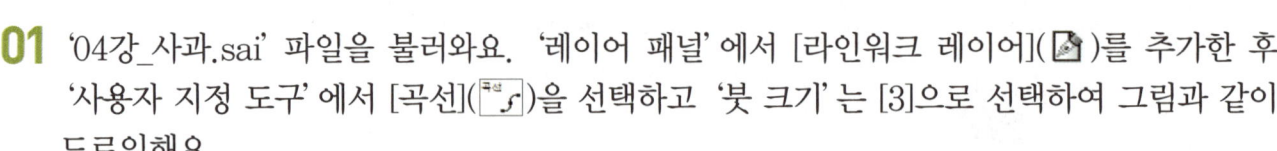)를 추가한 후 '사용자 지정 도구'에서 [곡선]( )을 선택하고 '붓 크기'는 [3]으로 선택하여 그림과 같이 드로잉해요.

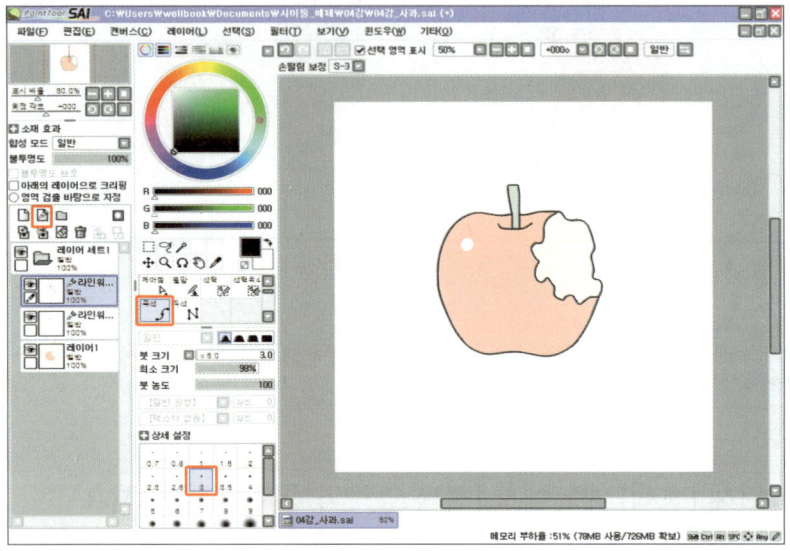

02 '사과'의 빨간색 부분만 선택하기 위해 '일반 도구'에서 [자동 선택]( )을 선택한 후 그림과 같이 빨간색 부분을 클릭해요.

03 '선택 영역'에 빨간색을 채우기 위해 [일반 레이어](▢)를 추가한 후 [RGB 슬라이더](▤)를 (R:236,G:000,B:000)으로 조정하고 '사용자 지정 도구'에서 [페인트 통](▨)을 선택해 그림과 같이 '선택 영역' 부분을 클릭해요.

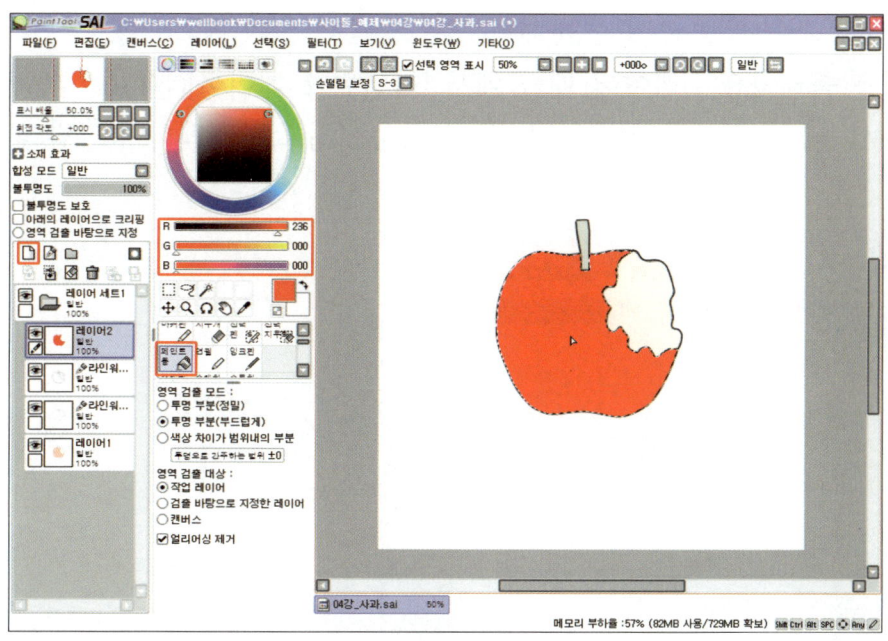

04 '선택 영역' 부분을 해제하기 위해 [선택] 메뉴에서 [선택 영역의 해제]를 클릭해요.

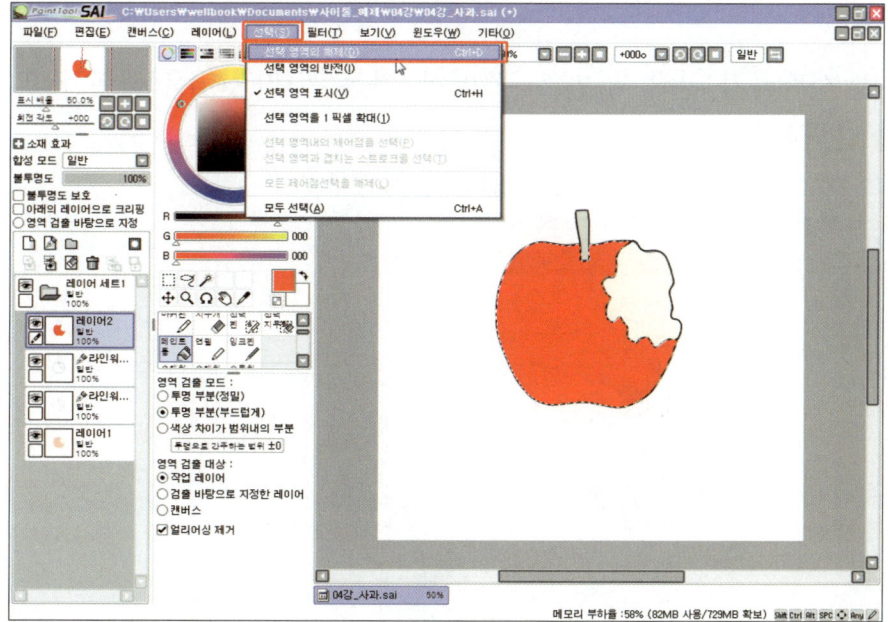

사과를 한입 베어먹은 부분을 표현해요.

'선택 영역' 부분을 페인트 통을 이용해 색을 채우고 키보드의 바로가기 키 Ctrl + D 를 눌러 '선택 영역' 을 빠르게 해제해요.

01 '선택 영역' 부분이 해제되면 사과를 베어 먹은 부분을 표현하기 위해 추가한 [라인워크 레이어 2]를 선택한 후 '일반 도구' 에서 [자동 선택](🔍)을 선택하고 그림과 같은 부분을 클릭해요.

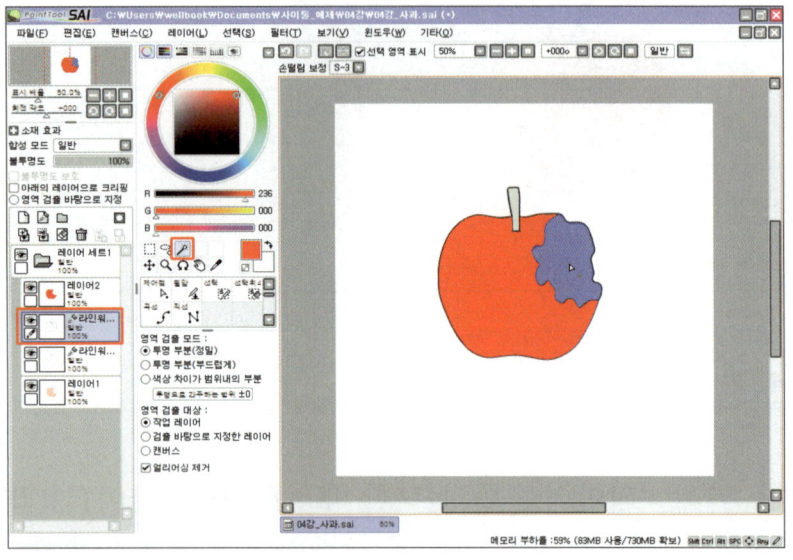

02 '선택 영역' 부분에 색을 채우기 위해 '레이어2' 를 선택한 후 [RGB 슬라이더](▤)를 (R:250,G:236,B:126)으로 조정하고, '사용자 지정 도구' 에서 [페인트 통](🪣)을 선택해 '선택 영역' 부분을 클릭하여 색을 채운 후 Ctrl + D 를 눌러 '선택 영역' 부분을 해제해요.

03 사과꼭지를 표현하기 위해 추가한 '라인워크 레이어2'를 선택한 후 '일반 도구'에서 [자동 선택]( )을 선택하여 그림과 같은 부분을 클릭해요.

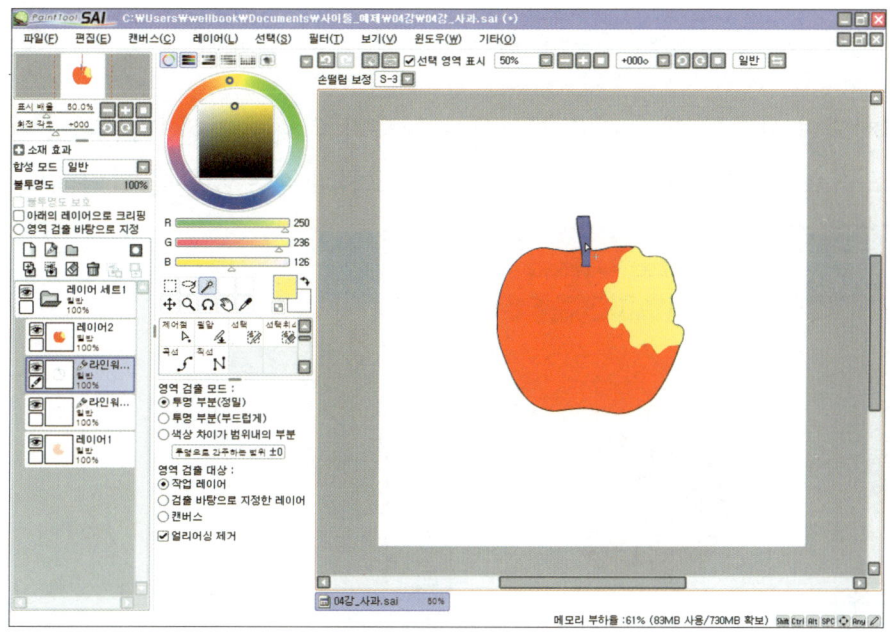

04 '선택 영역'에 색을 채우기 위해 '레이어2'를 선택한 후 [RGB 슬라이더]( )를 (R:154, G:138, B:000)으로 조정하고 '사용자 지정 도구'에서 [페인트 통]( )을 선택해 '선택 영역' 부분을 클릭하여 색을 채워 남몰래 먹은 사과를 완성해요.

완성 후 '밑그림' 레이어는 [레이어의 표시·숨김]을 클릭해 숨겨요.

1 페인트 통을 이용해 바나나를 채색해요.

◎ 연습파일 : 04강_바나나.sai   ● 완성파일 : 04강_바나나_완성.sai

> **Tip** 색상 : (R:255,G:228,B:000)

2 페인트 통을 이용해 수박을 채색해요.

◎ 연습파일 : 04강_수박.sai   ● 완성파일 : 04강_수박_완성.sai

 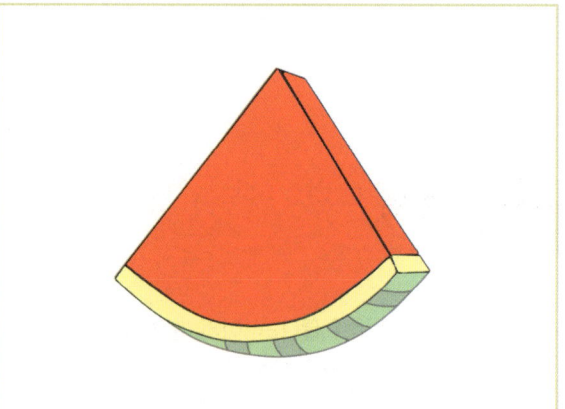

> **Tip** 색상 : (R:255,G:054,B:054), (R:255,G:255,B:160)

모작으로 그리기

다른 사람의 그림을 따라 그리는 모작을 통해 새롭게 나만의 그림으로 만드는 방법을 배워요.

학습 목표
- 유저 팔레트를 사용하는 방법을 알아봅니다.
- 아크릴 도구를 사용하는 방법을 알아봅니다.

 **모작**

똑같이 그리는 행위를 모작이라 불러요. 모작이란 원본 작품에 종이를 직접 대고 그리는 것이 아니라 다른 사람의 그림이나 작품을 눈대중만으로 보고 그리는 것을 뜻해요.
그림을 잘 그리기 위해서는 화가들의 기법을 분석하고 숙달하는 과정이 필요한데 이를 위해 가장 확실한 방법인 그 화가들의 그림들을 직접 따라서 그려보아요.

01 나만의 팔레트를 만들어요.

유저 팔레트를 이용해 내가 만든 색을 팔레트에 넣어 편리하게 사용해요.

01 '05강_라면.sai' 파일을 불러와요. 색을 채우기 위해 '레이어 패널'에서 [일반 레이어](🗋) 를 추가해요.

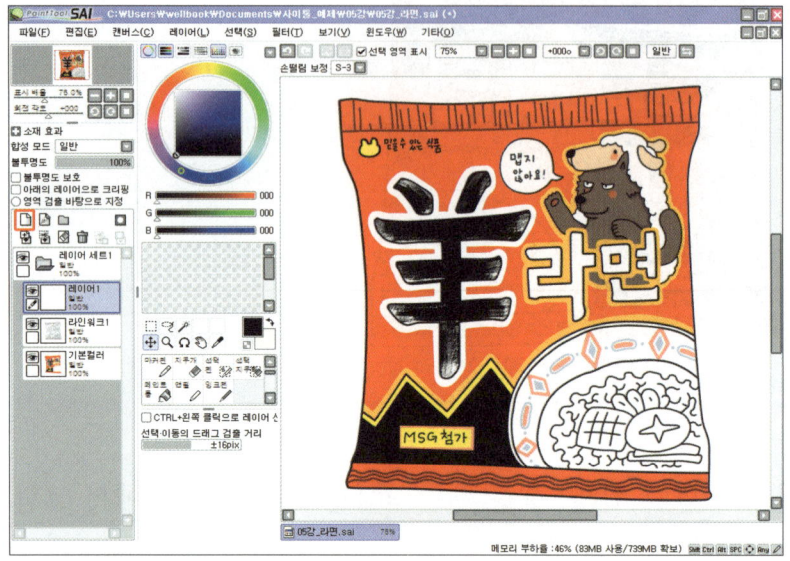

02 추가된 '레이어1'을 '라인워크1 레이어' 아래로 이동하기 위해 그림과 같이 '레이어1'을 드 래그하여 '라인워크1 레이어' 아래로 이동해요.

03 나만의 팔레트를 만들기 위해 '색상 패널'에서 [유저 팔레트의 표시 ON/OFF](▦)를 클릭해요.

04 팔레트에 '라면국물' 색을 만들어 넣기 위해 '색상 패널'의 [컬러 써클](◎)에서 그림과 같이 원하는 색 부분을 클릭해요.

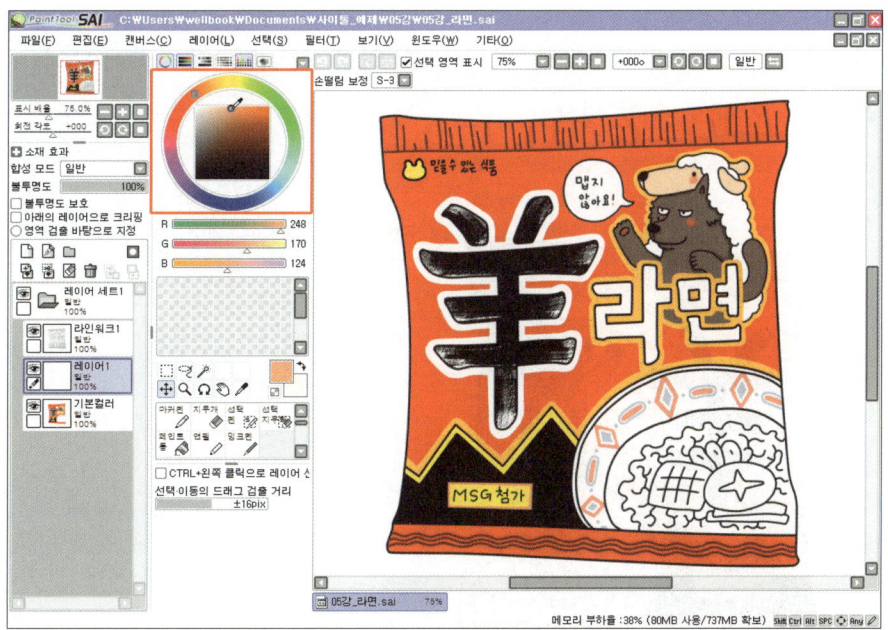

05 전경색이 만들어지면 '유저 팔레트'에 넣기 위해 팔레트에서 '마우스 오른쪽'을 클릭한 후 바로가기 메뉴에서 [색상 등록]을 클릭해요.

06 색을 채울 부분에 '선택 영역'을 표시하기 위해 '레이어 리스트'에서 '라인워크1 레이어'를 선택한 후 '일반 도구'에서 [자동 선택]( )을 선택하여 그림과 같이 '라면국물' 부분을 클릭해요.

07 다시 선택 영역에 색을 채우기 위해 '레이어 리스트'에서 '레이어1'을 선택한 후 '사용자 지정 도구'에서 [페인트 통]( 아이콘)을 선택하고 '선택 영역'을 클릭해요.

색을 채운 후
Ctrl + D 를 눌러
선택 영역을 해제해요.

08 원하는 색상을 만들어 유저 팔레트에 등록하고 그림과 같이 채색하여 라면을 완성해요.

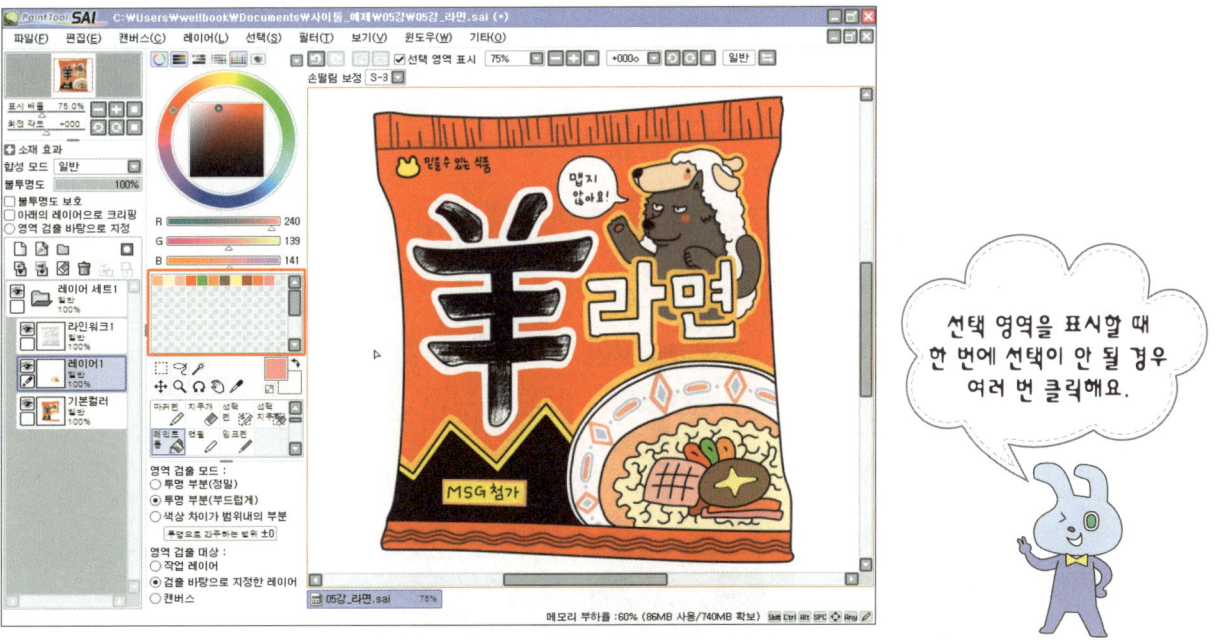

선택 영역을 표시할 때
한 번에 선택이 안 될 경우
여러 번 클릭해요.

1 유저 팔레트에 색을 만들어 '페인트 통' 도구를 이용해 색을 채워 '스웅칩'을 완성해요.

◎ **연습파일** : 05강_스웅칩.sai　　● **완성파일** : 05강_스웅칩_완성.sai

2 유저 팔레트에 색을 만들어 '페인트 통' 도구를 이용해 색을 채워 '푸스틱'을 완성해요.

◎ **연습파일** : 05강_푸스틱.sai　　● **완성파일** : 05강_푸스틱_완성.sai

06강 마스코트 디자인

드로잉을 더 잘할 수 있도록 도와주는 '제어점' 도구를 이용해 푸근한 곰돌이를 그리는 방법을 배워요.

학습 목표
- 마스코트를 그리는 방법을 알아봅니다.
- '제어점' 도구를 사용하는 방법을 알아봅니다.

 **올림픽 마스코트**

올림픽의 마스코트는 주로 올림픽 경기나 신체장애인들의 국제경기대회 패럴림픽 경기가 열리는 지역의 자연 환경이나 유산을 반영한 캐릭터이다. 동물과 사람이 캐릭터로 자주 쓰여요. 프랑스의 그르노블에서 열린 1968년 동계 올림픽에서부터 시작됐어요. 우리나라는 1988년 하계 올림픽에서 한국의 전설에 나오는 동물인 호돌이와 호순이를 마스코트로 사용했어요.

곰돌이의 얼굴을 드로잉해요.

'곡선' 도구로 곰돌이 얼굴을 그리고 '제어점' 도구를 이용해 수정하여 푸근한 곰돌이를 완성해요.

01 '06강_곰돌이_완성.sai' 파일을 불러와요. 드로잉하기 위해 [라인워크 레이어](　)를 추가하고 [곡선](　)을 선택한 후 '붓 크기'를 [3]으로 선택하여 그림과 같이 그려요.

02 밑그림이 안 보이도록 수정하기 위해 '사용자 지정 도구'에서 [제어점](　)을 선택한 후 '도구 패널'에서 [제어점이동]을 선택해요.

03 '제어점' 이 선택된 상태에서 수정할 '녹색 제어점' 에 마우스를 올리면 제어점이 '빨간색' 으로 변경돼요.

04 '빨간색' 제어점을 드래그하여 수정할 선 위치로 움직이면 그림과 같이 밑그림이 안보여요. 같은 방법으로 곰돌이 얼굴을 수정해요.

05 '제어점'을 조절한 후 [곡선]()을 선택해 그림과 같이 곰돌이 그림을 그려요.

06 그림을 그린 후 [제어점]() 도구를 이용해 밑그림이 안 보이도록 '제어점'을 드래그하여 수정해요.

드로잉이 끝난 곰돌이를 페인트 통 도구를 이용해 다양한 색으로 채워요.

01 곰돌이 얼굴에 색을 채우기 위해 '일반 도구'에서 [자동 선택](✏️)을 선택한 후 곰돌이 얼굴을 클릭해요.

02 '선택 영역'에 색을 채우기 위해 [일반 레이어](📄)를 추가한 후 드래그하여 '라이워크1 레이어' 아래로 이동하고 [RGB 슬라이더](▤)에서 색을 조정한 후 [페인트 통](🪣) 도구를 선택하여 '선택 영역' 부분을 클릭해요.

얼굴 색 : (R:255,G:148,B:102)

03 위와 같은 방법으로 색을 채워 곰돌이 마스코트를 완성해요.

- 귀, 몸 색 : (R:255,G:120,B:102)
- 눈 색 : (R:072,G:153,B:234)
- 코 색 : (R:158,G:112,B:080)

1 '토끼' 마스코트를 드로잉한 후 채색하여 그림과 같이 완성해요.

◎ **연습파일** : 06강_토끼.sai   ● **완성파일** : 06강_토끼_완성.sai

2 '참새' 마스코트를 드로잉한 후 채색하여 그림과 같이 완성해요.

◎ **연습파일** : 06강_참새.sai   ● **완성파일** : 06강_참새_완성.sai

07강 점묘법으로 만드는 얼룩말

점의 집합과 매우 짧은 터치로 표현하는 기법인 점묘법을 도화지 도구를 이용해 얼룩말을 그리는 방법을 배워요.

학습 목표
- 도화지 도구를 이용하는 방법을 알아봅니다.
- 점묘법을 이용해 채색하는 방법을 알아봅니다.

 **점묘법**

작은 색 점을 균일하게 찍어 표현하는 기법을 점묘법이라 해요. 유명한 작가이자 비평가인 페렉스 페네옹이 쇠라의 작품 '자 그랑 자트섬의 일요일 오후'에 대해 '점 그림'이라 불리면서 칭해진 기법이에요. 여러 색으로 칠해진 병치된 작은 점들은 이런 색들을 감상자의 눈에서 시각적으로 혼합되게 해주는데, 이는 물감이 원래 갖고 있는 색과는 다른 색을 나타내요.

얼룩말을 드로잉해요.

무지개 얼룩말을 그리기 위해 '라인워크 레이어'에 얼룩말을 드로잉해요.

01 '07강_얼룩말.sai' 파일을 불러 온 후 '레이어 패널'에서 [라인워크 레이어](📝)를 추가하고 '사용자 지정 도구'에서 [곡선](〰️)을 선택한 후 '붓 크기'를 [3]으로 선택하여 그림과 같이 얼룩말을 드로잉해요.

02 드로잉이 완성된 '얼룩말'에 색을 채우기 위해 '일반 도구'에서 [자동 선택](🪄)을 선택하여 그림과 같이 '얼룩말'의 얼굴 부분을 클릭해요.

03 '선택 영역'에 색을 채우기 위해 [일반 레이어]( )를 추가한 후 드래그하여 '라이워크 레이어' 아래로 이동하고 [RGB 슬라이더]( )에서 색을 조정한 후 [페인트 통]( )을 선택하여 '선택 영역' 부분을 클릭해요.

얼굴 색 : (R:255,G:166,B:002)

04 위와 같은 방법으로 그림과 같이 무지개 색으로 얼룩말을 채워요.

무지개
• (R:254,G:182,B:002)
• (R:172,G:250,B:002)
• (R:042,G:206,B:080)
• (R:106,G:094,B:242)
• (R:065,G:086,B:154)
• (R:178,G:062,B:172)

선택 영역의 해제
Ctrl + D

02 점묘법으로 표현해요.

무지개 얼룩말을 더 멋지게 꾸미기 위해 점묘법을 이용해 얼룩말에 무늬를 만들어요.

01 점묘법으로 표현하기 위해 '레이어1'이 선택된 상태에서 '색상 패널'의 [RGB 슬라이더](▨)를 (R:255,G:255,B:255)로 조정하고 '사용자 지정 도구'의 [도화지](✎)를 선택해요.

02 '도구 패널'에서 '붓의 모양 : [■], 붓 크기 : [50], 붓 농도 : [90], 혼합색상 : [2], 수분량 : [50], 색상 번짐 : [70]'으로 설정해요.

03 '도화지' 도구를 여러 번 클릭하여 그림과 같이 붓 모양이 조금 겹치도록 표현해요.

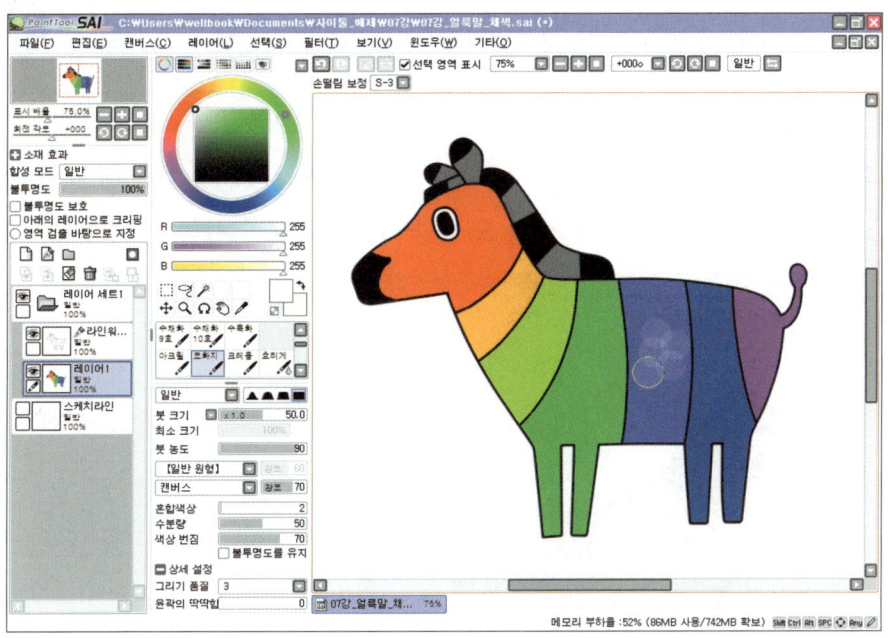

04 같은 방법을 이용해 그림과 같이 얼룩말을 점묘법으로 완성해요.

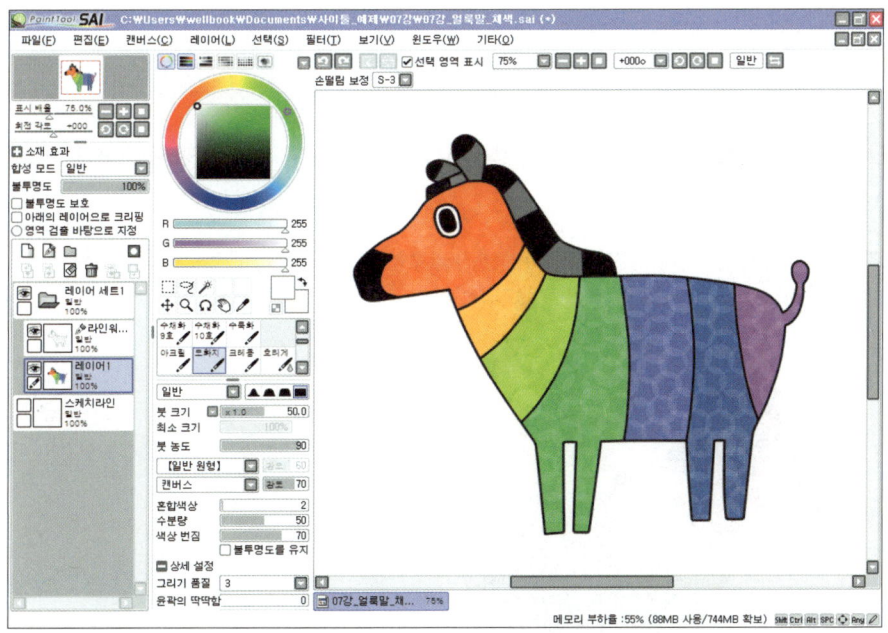

1 '기린'을 드로잉한 후 채색하여 점묘법으로 꾸며요.

◎ 연습파일 : 07강_기린.sai　● 완성파일 : 07강_기린_완성.sai

2 '코끼리'를 드로잉한 후 채색하여 점묘법으로 꾸며요.

◎ 연습파일 : 07강_코끼리.sai　● 완성파일 : 07강_코끼리_완성.sai

08강 데칼코마니가 궁금해

그림물감을 바르고 그것을 두 겹으로 접어 떼어내는 방식인 데칼코마니 기법을 '레이어'를 통해 배워요.

학습 목표
● 레이어를 복제하는 방법을 알아봅니다.
● 레이어를 좌·우로 반전하는 방법을 알아봅니다.

 **데칼코마니**

장식 기법 중 하나로, 도자기 혹은 기타 물건 등에 판화 혹은 미술 작품을 옮기는 것을 말해요. 1750년 영국에서 최초로 발명되었으며, 프랑스에서 최초로 데칼코마니라는 용어를 사용했어요. 또한 1936년 초현실주의 화가 오스카 도밍게즈가 종이 위에 구이슈 기법으로 그림물감을 바르고 그것을 두 겹으로 접거나 다른 종이를 그 위에 겹쳐 안착했다가 떼어내는 방식으로 효과를 나타내기 위해 사용했어요.

나비를 드로잉해요.

데칼코마니 기법을 적용하기 위해 나비의 모습을 반쪽만 그려요.

01 '08강_나비.sai' 파일을 불러와요. 나비를 반쪽만 그리기 위해 '레이어 패널'에서 [라인워크 레이어](✍)를 추가한 후 '사용자 지정 도구'에서 [직선](직선 N)을 선택하고 '붓 크기'를 [3]으로 선택하여 그림과 같이 나비의 가운데 부분에 선을 그려요.

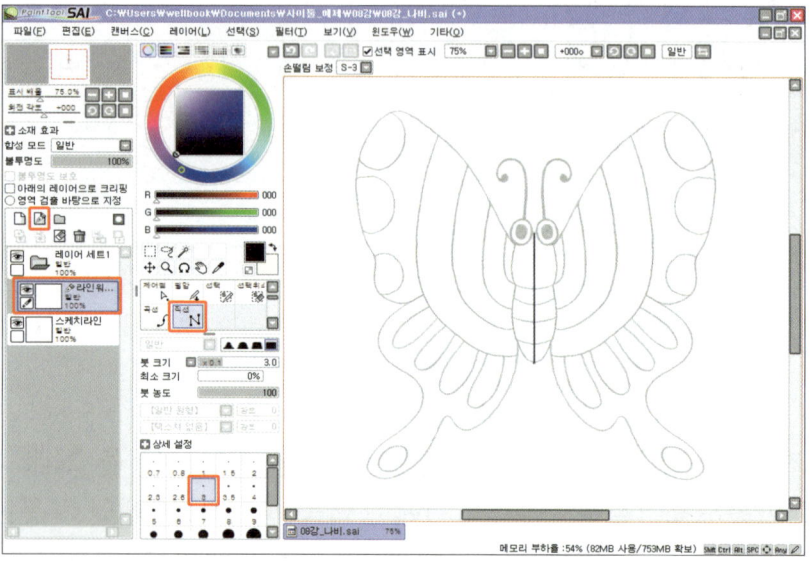

02 직선을 그린 후 '사용자 지정 도구'에서 [곡선](곡선 ∫)을 선택해 그림과 같이 나비의 반쪽 모습만 드로잉해요.

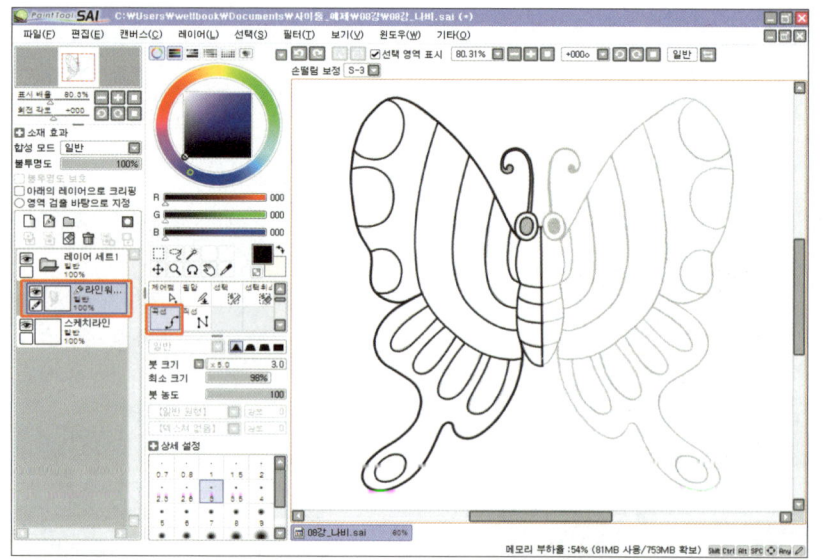

밑그림이 보이는 부분은 '제어점' 도구를 이용해요.

03 드로잉이 완성된 부분에 색을 채우기 위해 '일반 도구'에서 [자동 선택](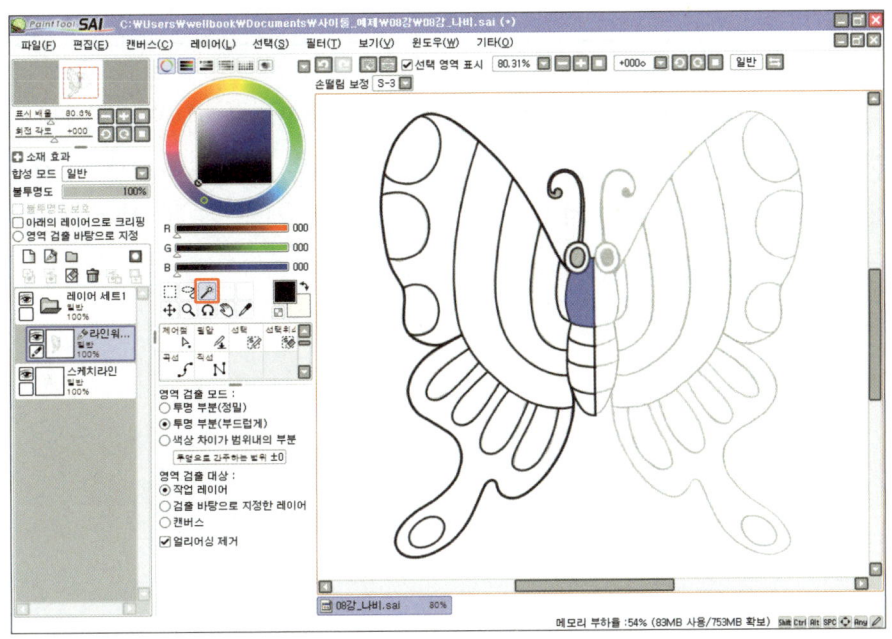)을 선택하여 그림과 같이 색을 채울 부분을 클릭해요.

04 '선택 영역'에 색을 채우기 위해 [일반 레이어](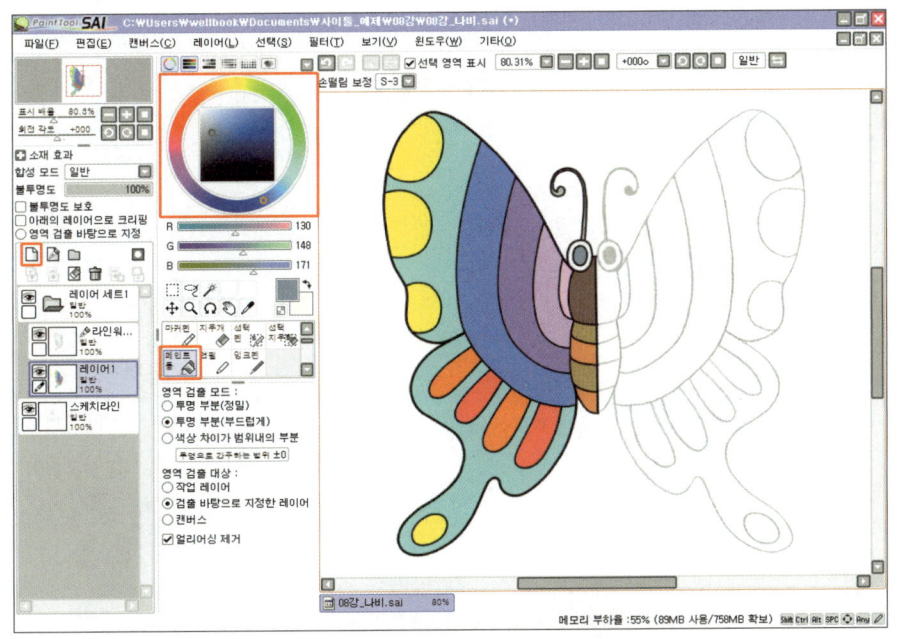)를 추가한 후 '레이어1'을 드래그하여 '라인워크1 레이어' 아래로 이동해요. [컬러 써클]()에서 색을 선택하고 [페인트 통]()을 선택해 '선택 영역'을 클릭해요. 같은 방법으로 그림과 같이 색을 채워 '나비'의 반쪽 모습을 완성해요.

선택 영역의 해제

Ctrl + D

02 데칼코마니로 완성해요.

미완성된 나비의 모습을 레이어 복제를 통해 완성된 모습으로 만들어요.

01 '라인워크1 레이어'와 '레이어1'을 합쳐 '나비'의 오른쪽 모습을 만들기 위해 '라인워크1 레이어'를 선택한 후 [레이어] 메뉴에서 [아래의 레이어와 합치기]를 클릭해요.

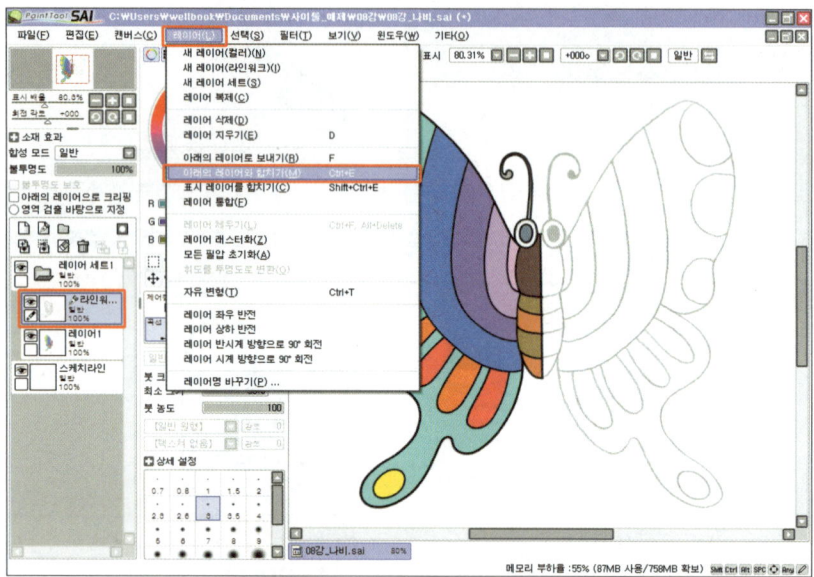

02 합친 레이어를 복제하기 위해 [레이어] 메뉴에서 [레이어 복제]를 클릭해요.

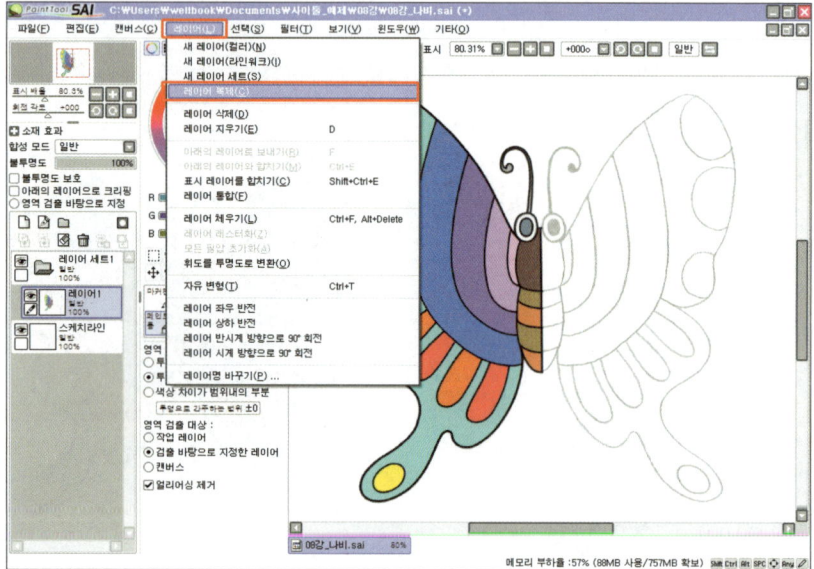

03 '레이어 리스트'에 복제된 '레이어 1(2)'가 추가되면 [레이어] 메뉴에서 [레이어 좌우 반전]을 클릭해요.

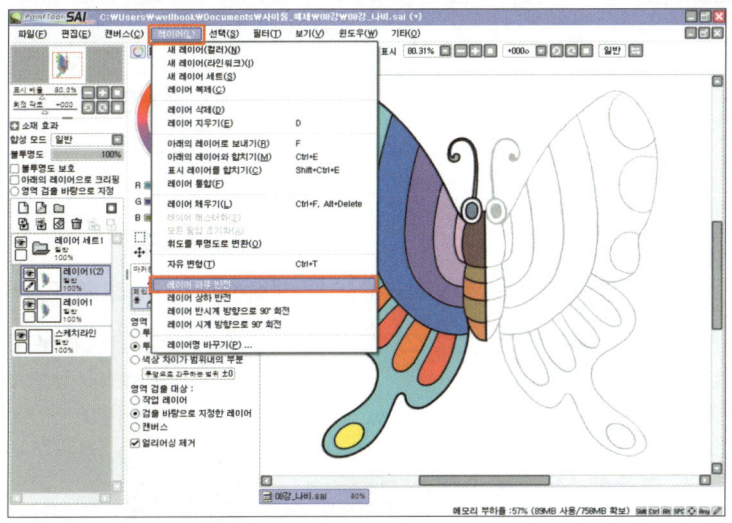

04 오른쪽 나비의 모습이 나타나면 '일반 도구'에서 [이동](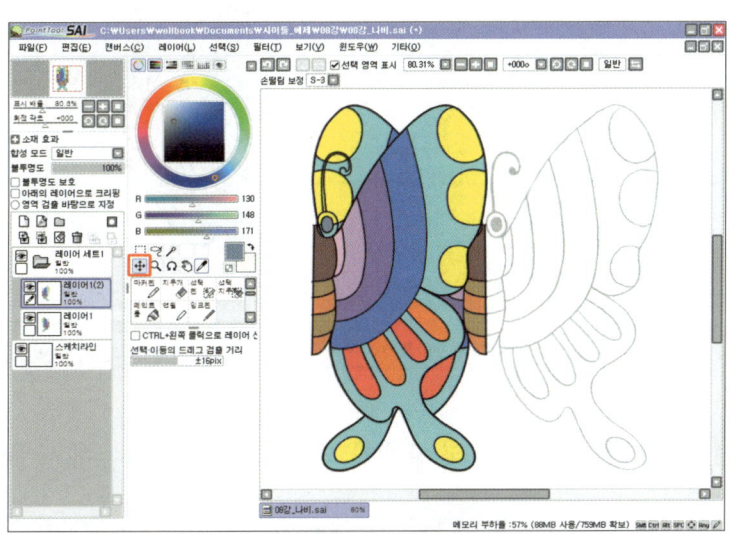)을 선택해요.

05 '이동' 도구를 이용해 복제된 오른쪽 나비를 드래그하여 그림과 같이 나비의 모습을 완성해요.

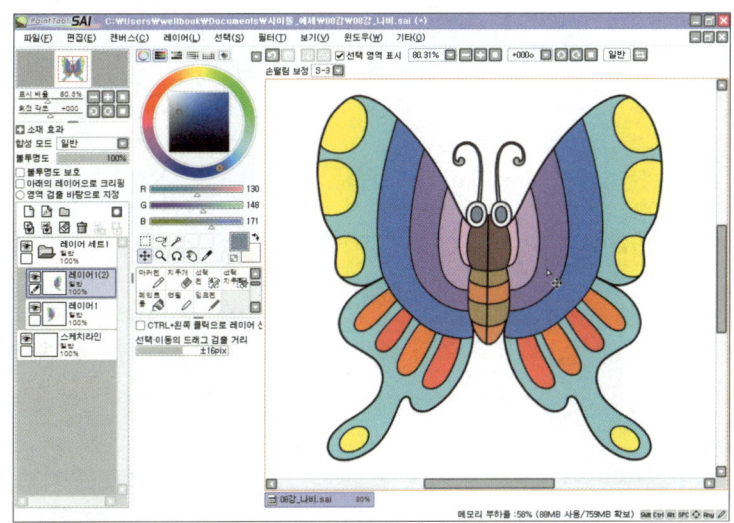

① 반쪽 '무당벌레'를 만들어 복제한 후 완성해요.

◎ **연습파일** : 08강_무당벌레.sai　　● **완성파일** : 08강_무당벌레_완성.sai

② 반쪽 '사슴벌레'를 만들어 복제한 후 완성해요.

◎ **연습파일** : 08강_사슴벌레.sai　　● **완성파일** : 08강_사슴벌레_완성.sai

09 강 캘리그래피 세계로

글씨를 아름답게 쓰는 기술인 캘리그래피를 이용해 언어의 함축적 의미와 아름다운 모양
이 담긴 글씨를 그려요.

학습 목표
- 캘리그래피 기법을 이용해 그림 문자를 그리는 방법을 알아봅니다.
- 사이툴 파일을 이미지 파일로 저장하는 방법을 알아봅니다.

 **캘리그래피**

아날로그적 느낌과 밋밋한 글자들이 가지고 있는 평범함을 넘어선 독특하고 창조적인 표현을 할 수 있는 글씨에
요. 누구나 쉽게 글씨를 창조할 수 있다는 매력이 있고, 요즘 감성 디자인을 이용한 마케팅이 주목받는 만큼, 캘
리그래피 또한 인간의 다양한 감성을 인간적이고 따뜻하게 감각적으로 표현해 낼 수 있어요.

01 캘리그래퍼 기법

손글씨 같은 느낌의 캘리그래피 기법을 이용해 메시지가 담긴 그림 글자를 만들어요.

01 '09강_시험잘봐.sai' 파일을 불러와요. 그림 문자를 만들기 위해 [라인워크 레이어](✏)를 추가한 후 [컬러 써클](◯)을 이용해 원하는 색을 선택하고 '도구 패널'에서 [곡선](곡선) 도구, '붓 크기'는 [3]을 선택하여 그림과 같이 드로잉해요.

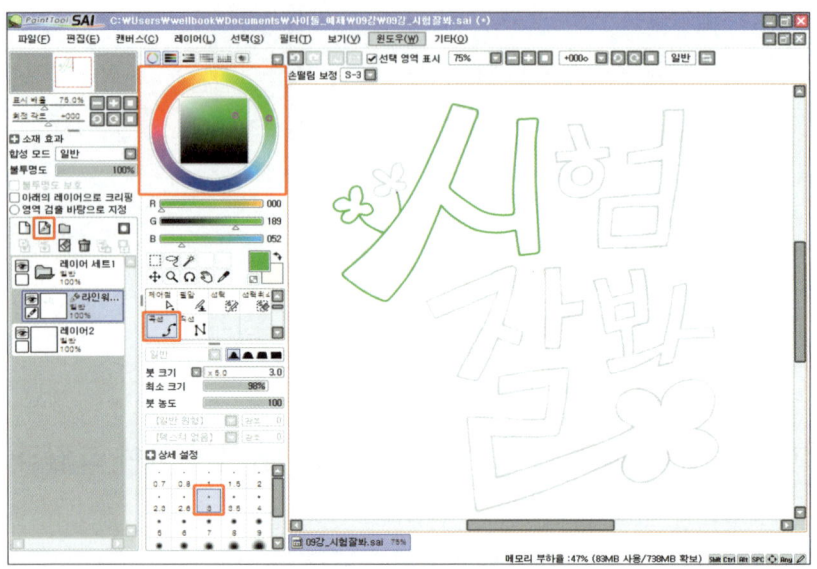

밑그림이 보이는 부분은 '제어점' 도구를 이용해요.

02 그림과 같이 [컬러 써클](◯)에서 다양한 색을 선택해 '시험잘봐' 그림 글자를 드로잉해요.

03 색을 채우기 위해 '레이어 패널'에서 [일반 레이어](□)를 추가한 후 레이어3을 드래그하여 '라인워크1 레이어' 아래도 이동해요.

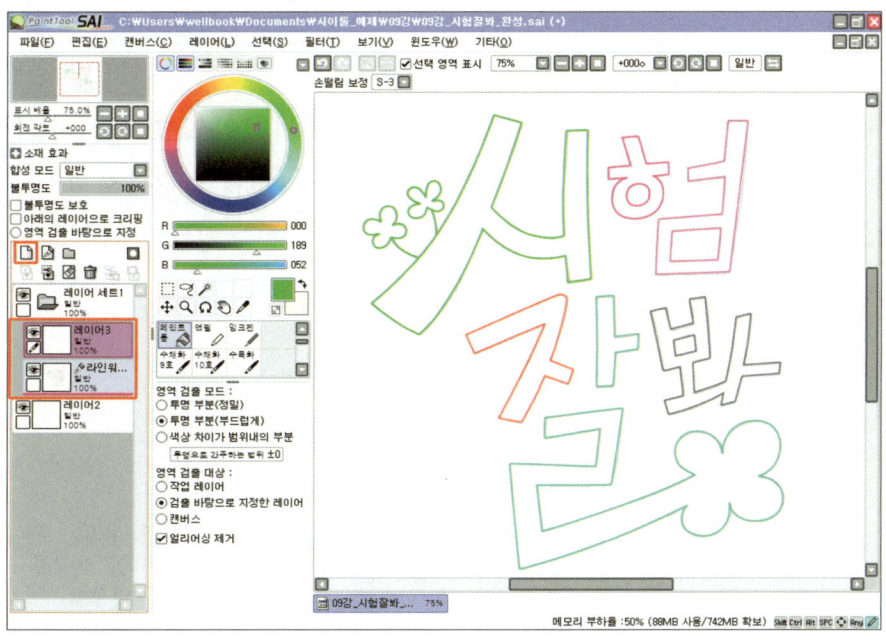

04 '라인워크1 레이어'를 선택한 후 '일반 도구'에서 [자동 선택](🪄)을 선택하여 그림과 같이 색을 채울 부분을 클릭해요.

05 '선택 영역'에 색을 채우기 위해 추가한 '일반 레이어'를 선택한 후 [컬러 써클]()에서 원하는 색을 선택하고 '사용자 지정 도구'에서 [페인트 통]()을 선택해 '선택 영역' 부분에 클릭해요.

06 위와 같은 방법으로 추가한 '일반 레이어'에 색을 채워 '시험잘봐' 그림 글자를 완성해요.

선택 영역의 해제

Ctrl + D

다른 형식으로 저장하는 방법을 이용해 '사이툴' 파일을 '이미지' 파일로 변환해요

01 [파일] 메뉴에서 [다른 형식으로 저장]의 [.jpg(JPEG)]를 클릭해요.

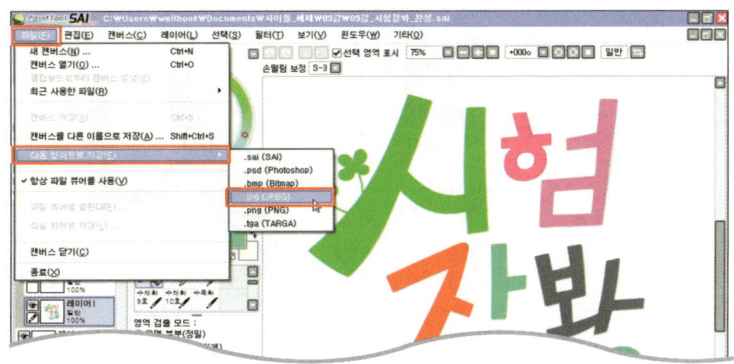

02 [캔버스 저장] 대화상자가 나타나면 저장할 위치를 선택한 후 [저장] 버튼을 클릭해요.

이름 : 파일명.jpg를 확인해요.

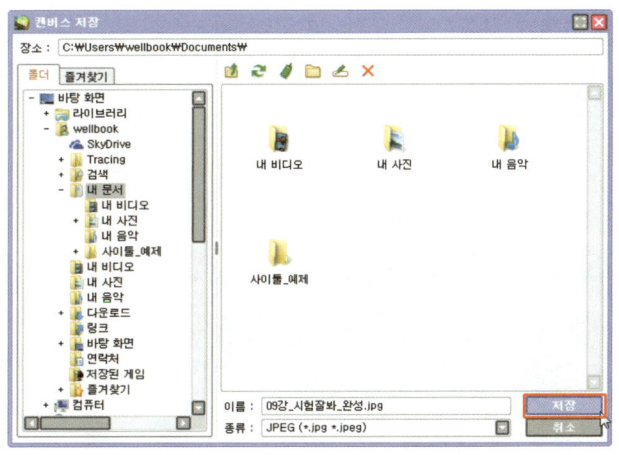

03 [JPEG 저장] 대화상자가 나타나면 [확인] 버튼을 클릭해요.

1 캘리그래피 기법을 이용해 "할수있어" 그림 글자를 완성해요.

◎ 연습파일 : 09강_할수있어.sai   ● 완성파일 : 09강_할수있어_완성.sai

2 캘리그래피 기법을 이용해 "힘내요!" 그림 글자를 완성해요.

◎ 연습파일 : 09강_힘내요.sai   ● 완성파일 : 09강_힘내요_완성.sai

스크래치 기법

사이툴 프로그램의 클리핑 효과를 이용해 어두운 바탕에 밝은 색 그림이 나타나게 하는 스크래치 기법을 배워요.

학습 목표
- '크레용' 도구를 사용하는 방법을 알아봅니다.
- 클리핑 효과를 적용하는 방법을 알아봅니다.

 **스크래치 기법**

도화지에 밝은 색의 크레용이나 크레파스로 바닥을 칠한 후 어두운 색으로 겹쳐 칠하고, 칼 끝이나 송곳 등으로 긁어내어 바닥 색이 드러나게 하는 미술 기법을 스크래치라고 해요.
스크래치 기법은 어두운 바탕에 밝은 색상의 무늬가 나타나, 환상적인 느낌을 만들어 내는 미술 기법이에요.

01 스크래치 기법

돌고래를 그려 스크래치 기법을 적용하기 위해 '무지개 색 레이어' 와 '검정색 레이어' 를 만들어요.

01 '10강_돌고래1.sai' 파일을 불러와요. '레이어 패널' 에서 [라인워크 레이어](📄)를 추가한 후 '도구 패널' 에서 [곡선](🖊️)을 선택하고 '붓 크기' 를 [10]으로 선택하여 그림과 같이 드로잉해요.

돌고래 눈을 표현할 때는 '붓 크기' 를 [30]으로 선택하여 한 번만 클릭해요.

02 스크래치 기법을 통해 구름 안에도 색을 표현하기 위해 '도구 패널' 에서 [펜](✏️) 도구를 선택하고 '붓 크기' 를 [10]으로 선택하여 그림과 같이 그려요.

03 무지개 색 레이어를 만들기 위해 '레이어 패널'에서 [일반 레이어](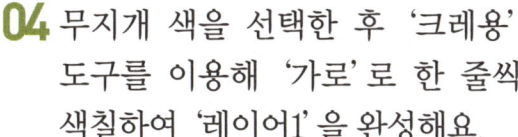)를 추가한 후 [컬러 써클](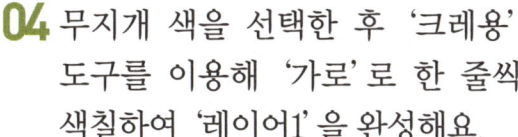)에서 '빨간색'을 선택하고 '도구 패널'에서 [크레용](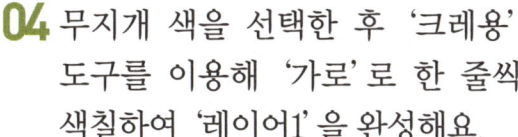) 도구를 선택한 후 '붓 크기' [70], '붓의 형상' [로그_라운드_2], '붓 텍스쳐' [텍스쳐 없음]으로 선택하여 그림과 같이 '가로'로 칠해요.

04 무지개 색을 선택한 후 '크레용' 도구를 이용해 '가로'로 한 줄씩 색칠하여 '레이어1'을 완성해요.

05 검정색 바탕 '레이어'를 '라인 워크 레이어' 아래에 만들기 위해 그림과 같이 '스케치라인 레이어'를 선택한 후 [일반 레이어]()를 클릭해 추가해요.

06 추가된 '레이어2'를 칠하기 위해 [컬러 써클]( )에서 '검정색'을 선택한 후 '도구 패널'에서 [크레용]( ) 도구를 선택하고 '붓 크기' [100], '붓의 형상' [스프레드], '붓 텍스쳐' [켄트지]를 선택해요.

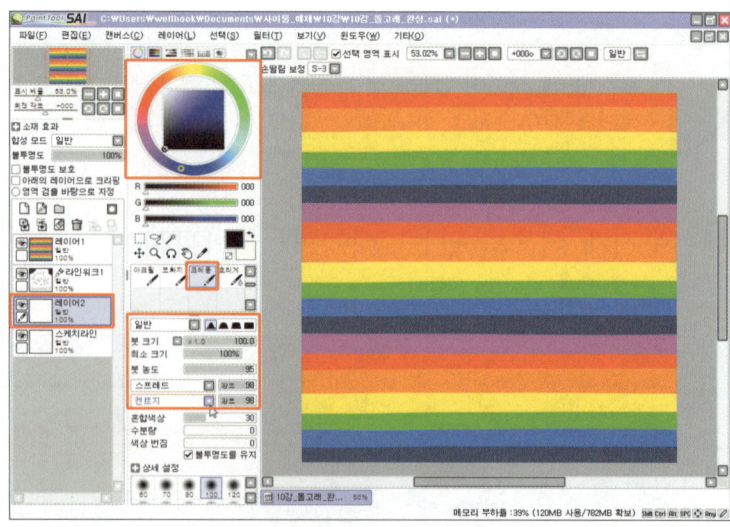

07 추가된 '레이어2'를 '크레용'으로 칠하기 위해 '레이어1'과 '라이워크 레이어'의 [레이어의 표시·숨김]( )을 클릭해 '레이어'를 숨긴 후 '레이어2'를 선택해 '크레용' 도구로 바탕 전체를 칠해요.

08 '레이어2'에 색칠이 끝나면 '레이어1'과 '라이워크 레이어'의 [레이어의 표시·숨김]( )을 클릭해 '레이어'를 모두 표시해요.

레이어를 클리핑해요.

무지개 색 레이어와 돌고래 그림을 드로잉한 레이어 그리고 검정색으로 칠한 바탕 레이어를 이용해 클리핑해요.

01 무지개 색으로 만든 '레이어1'을 선택한 후 '레이어 패널'에서 [아래의 레이어로 클리핑]을 선택해요.

02 클리핑 효과가 적용되면 스크래치 기법으로 표현된 '돌고래' 그림이 나타나요.

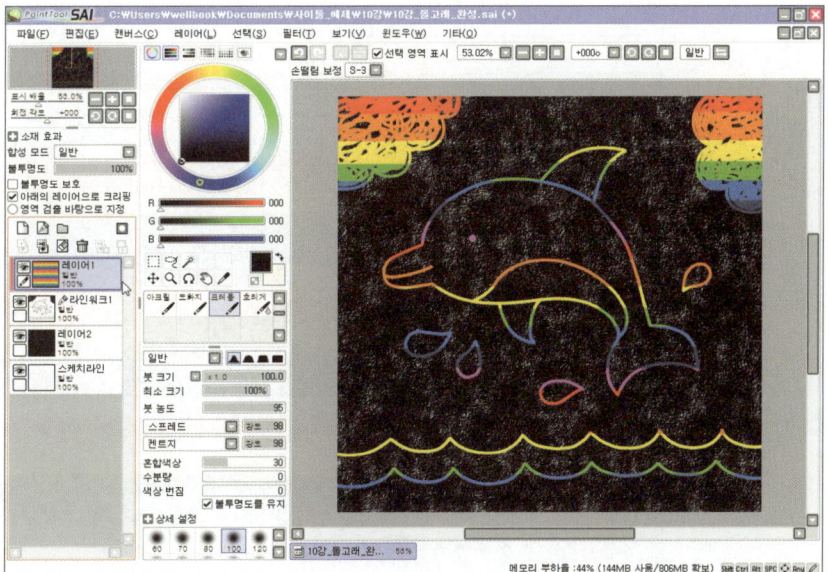

1 클리핑 효과를 적용해 '열기구' 그림을 완성해요.

◎ 연습파일 : 10강_열기구.sai   ◉ 완성파일 : 10강_열기구_완성.sai

2 클리핑 효과를 적용해 'UFO' 그림을 완성해요.

◎ 연습파일 : 10강_UFO.sai   ◉ 완성파일 : 10강_UFO_완성.sai

11강 모자이크로 만든 고양이

레이어의 복제 기능을 이용하여 색종이를 오려 붙여 그림을 완성하는 모자이크 기법을 배워요.

학습 목표
- 레이어의 이름을 바꾸는 방법을 알아봅니다.
- 레이어 세트를 만드는 방법을 알아봅니다.

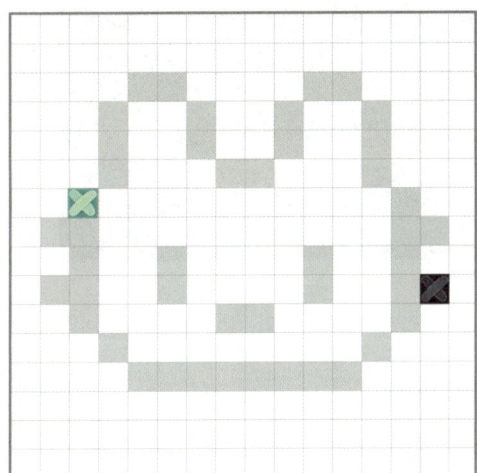

모자이크 기법

색돌, 색타일 등을 벽에 붙여 표현하는 기법으로 일반적인 색종이를 오려 붙이는 방법이 있어요. 여러 가지 색의 돌이나 유리, 금속, 조개껍질의 조각들을 서로 접합시켜 무늬가 회화를 형성하는 방법으로 고대부터 발달하였으며, 19세기 말에 스테인드글라스와 함께 부활되었어요.

◎ 연습파일 : 11강_고양이.sai   ● 완성파일 : 11강_고양이_완성.sai

01 레이어의 이름을 바꿔요.

레이어의 이름을 바꾸고 레이어 세트를 만들어 레이어를 정리하는 방법을 배워요.

01 '11강_고양이.sai' 파일을 불러와요. '레이어 패널'에서 이름을 변경할 '레이어2'를 선택한 후 [레이어] 메뉴에서 [레이어명 바꾸기]를 클릭해요.

레이어명 바꾸기 :
레이어2 →
얼굴모양 레이어

02 [레이어 이름] 대화상자가 나타나면 입력란에 '얼굴모양 레이어'를 입력한 후 [확인] 버튼을 클릭해요.

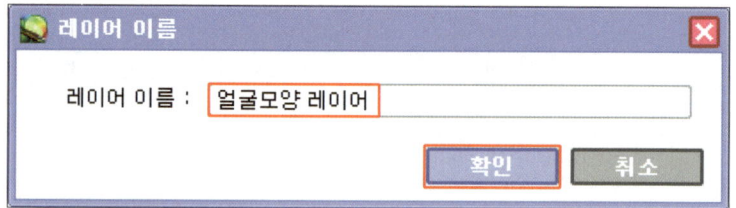

03 '레이어2'의 이름이 '얼굴모양 레이어'로 바뀌면 '레이어3'을 선택한 후 [레이어] 메뉴의 [레이어명 바꾸기]를 클릭해요. [레이어 이름] 대화상자가 나타나면 '얼굴표정 레이어'를 입력하고 [확인] 버튼을 클릭해요.

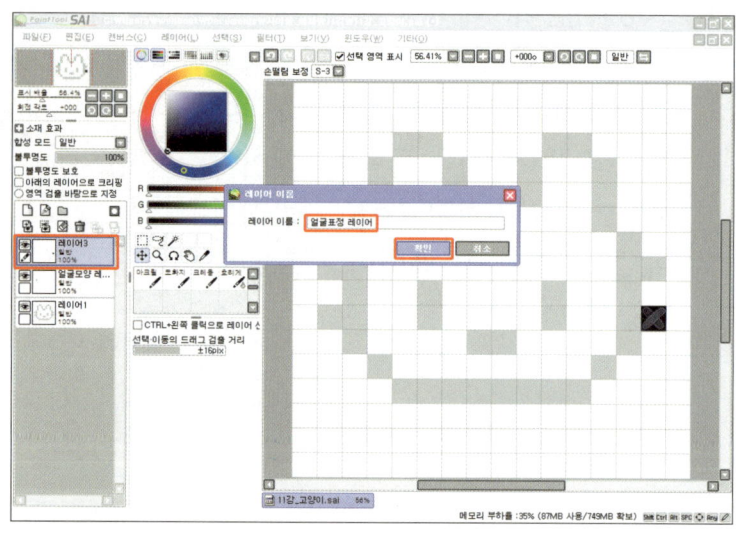

레이어명 바꾸기 :
레이어3 →
얼굴표정 레이어

04 '얼굴모양 레이어'와 '얼굴표정 레이어'를 정리하기 위해 '레이어 리스트'에서 '얼굴모양 레이어'를 선택한 후 [레이어 세트의 새 생성](📁)을 클릭해요.

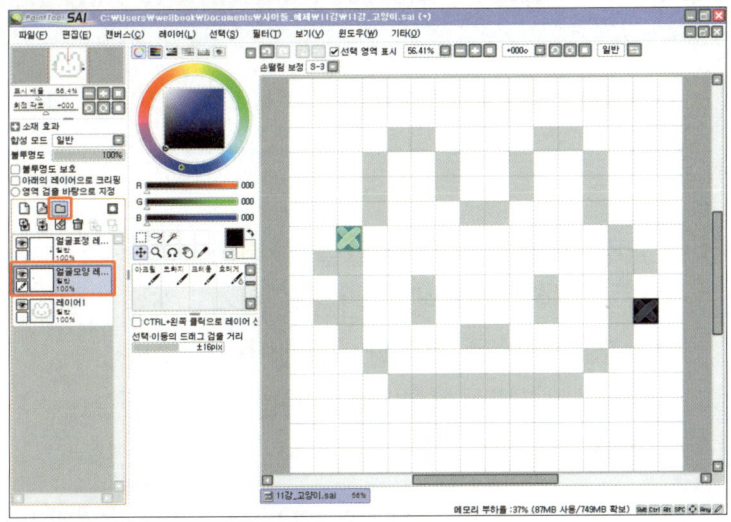

05 그림과 같이 '레이어 리스트'에 '레이어 세트1'이 추가되면 '얼굴모양 레이어'를 드래그하여 '레이어 세트1' 안으로 이동해요.

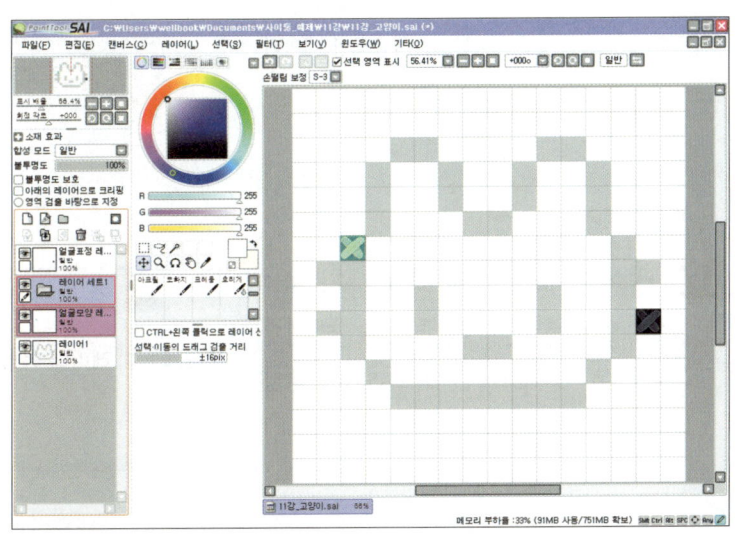

06 그림과 같이 '레이어 세트1'에 '얼굴모양 레이어'가 이동되면 '얼굴표정 레이어'를 선택한 후 [레이어 세트의 새 생성]을 클릭해 '레이어 세트2'를 추가하고 '얼굴표정 레이어'를 드래그해 '레이어 세트2'로 이동해요.

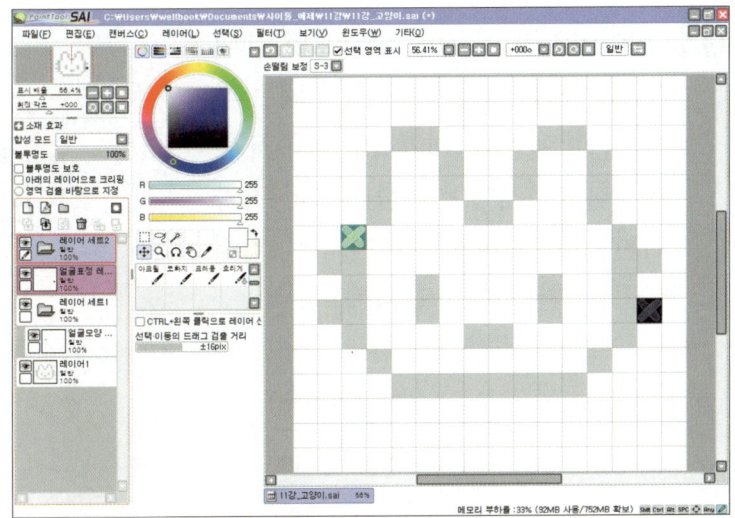

레이어를 복제해요.

준비된 레이어 정리 폴더에 '얼굴모양 레이어'와 '얼굴표정 레이어'를 복제해 고양이 얼굴을 완성해요.

01 '초록 색종이'가 있는 '얼굴모양 레이어'를 복제하여 모자이크 기법으로 고양이 얼굴을 만들기 위해 [레이어] 메뉴에서 [레이어 복제]를 클릭해요.

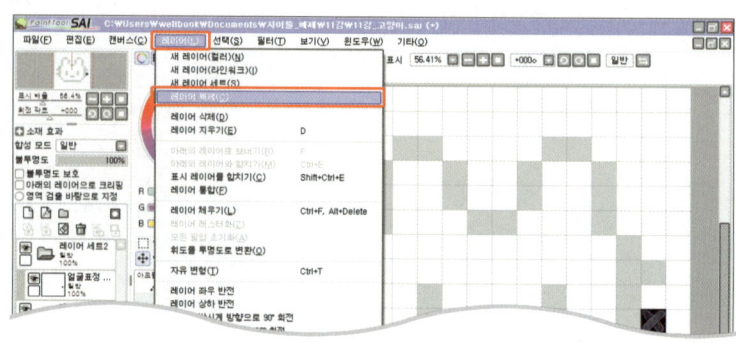

02 '레이어 패널'에 '얼굴모양 레이어(2)'가 추가되면 그림과 같이 모자이크할 부분에 레이어를 드래그해요.

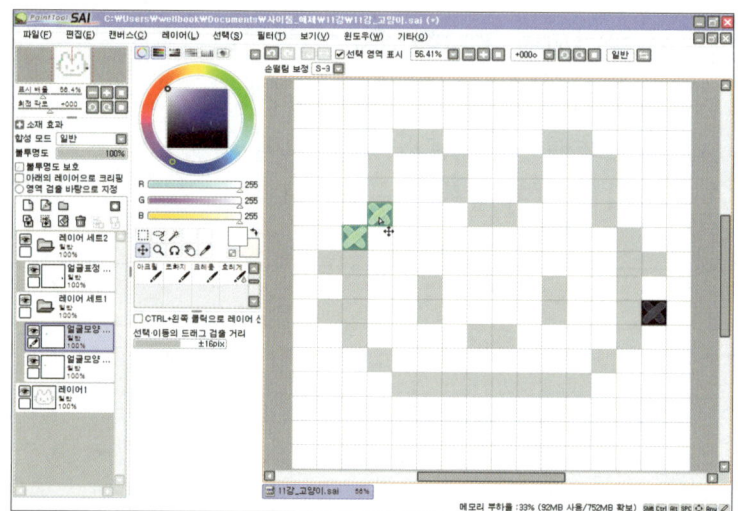

03 같은 방법으로 '초록색종이' 레이어를 복제하여 그림과 같이 고양이의 얼굴 모양을 모자이크해요.

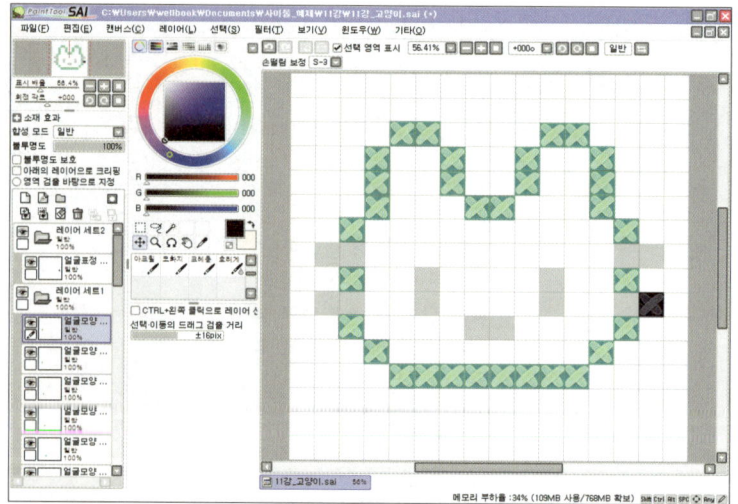

04 '검정색종이'를 이용해 고양이의 얼굴표정을 만들기 위해 위와 같은 방법으로 '얼굴표정 레이어'를 선택한 후 [레이어] 메뉴에서 [레이어 복제]를 클릭하여 그림과 같이 얼굴표정을 모자이크해 '고양이'를 완성해요.

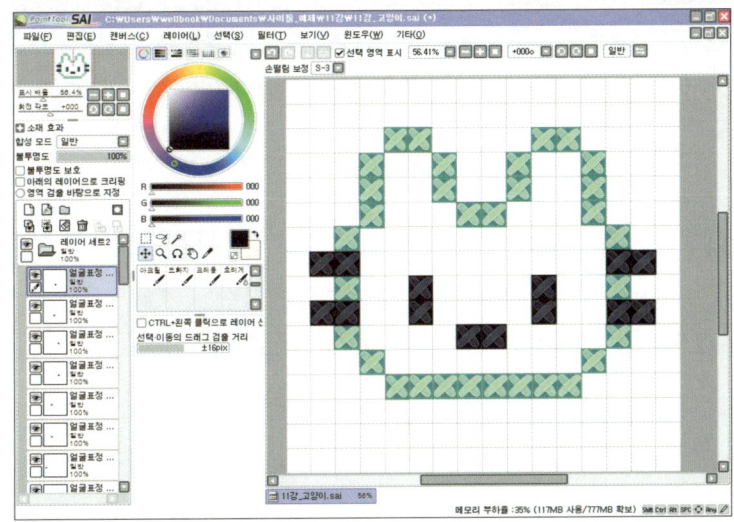

05 모자이크 기법을 이용해 '고양이'가 완성되면 복제한 레이어를 정리하기 위해 '레이어 세트1'의 [레이어 세트를 여는/닫기]를 클릭해 열려 있는 레이어 세트를 닫아요.

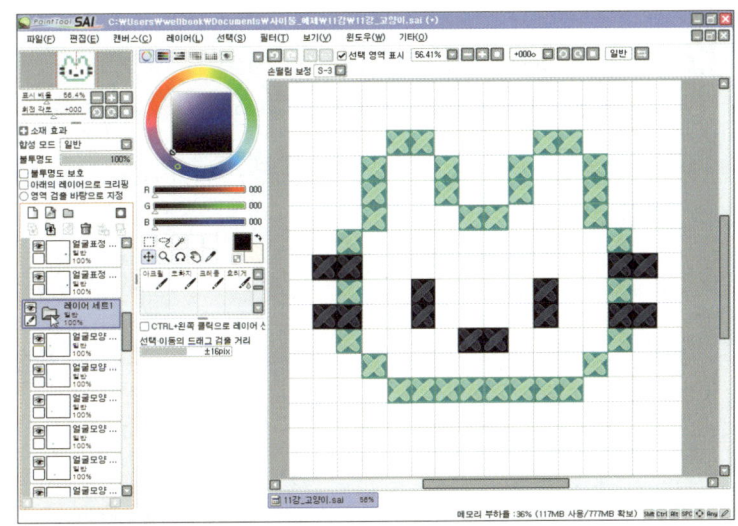

06 그림과 같이 '레이어 세트1'이 정리되면, '레이어 세트2'의 [레이어 세트를 여는/닫기]를 클릭해 열려 있는 레이어 세트를 닫아 레이어를 정리해요.

레이어 세트가 닫혀있는 상태에서 [레이어 세트를 여는/닫기]를 클릭하면 복제된 모든 레이어를 볼 수 있어요.

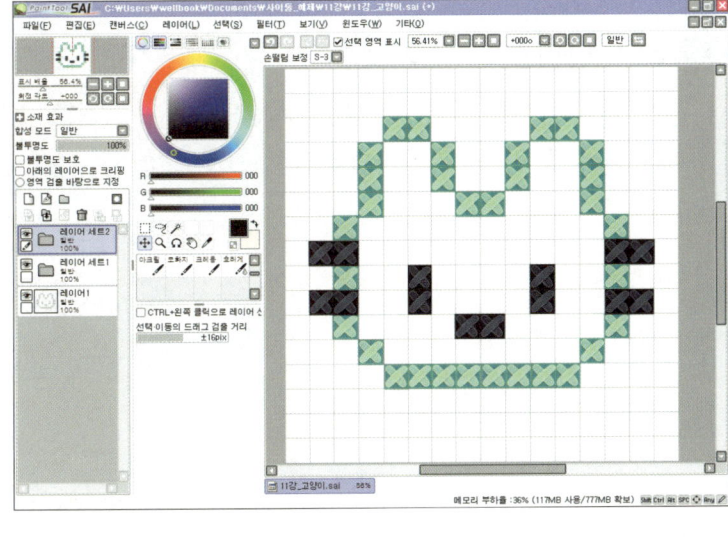

1 모자이크 기법을 이용해 '하트'를 완성해요.

◎ 연습파일 : 11강_하트.sai   ● 완성파일 : 11강_하트_완성.sai

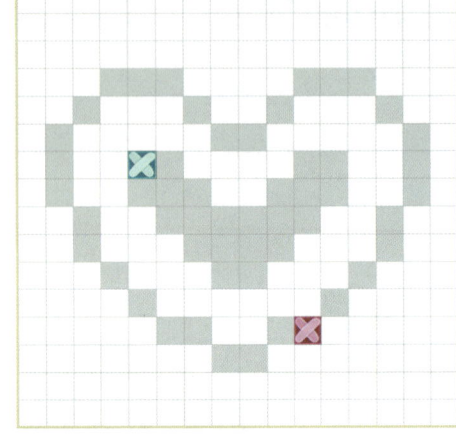 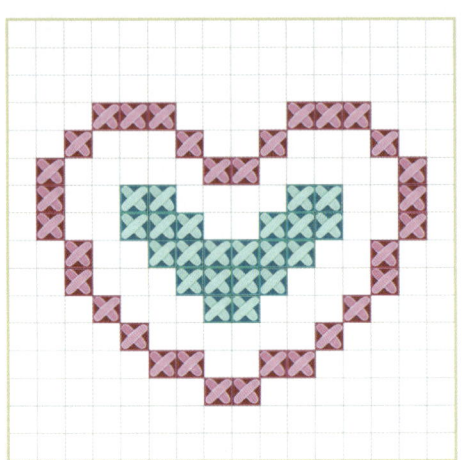

2 모자이크 기법을 이용해 '미니화분'을 완성해요.

◎ 연습파일 : 11강_미니화분.sai   ● 완성파일 : 11강_미니화분_완성.sai

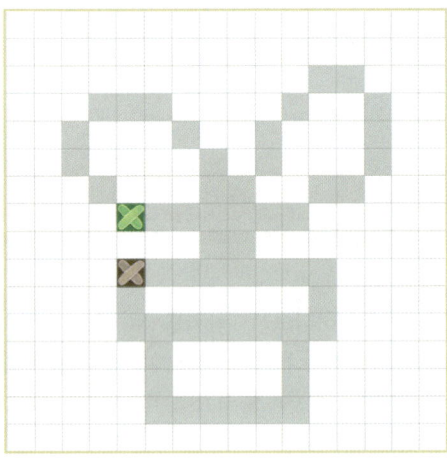 

12강 스텐실 기법

'아파토사우르스'를 드로잉한 후 '라인워크 레이어'를 래스터화하여 스텐실 기법을 이용해 채색하는 방법을 배워요.

학습 목표
- '라인워크 레이어'를 래스터화하는 방법을 알아봅니다.
- 스텐실 기법으로 채색하는 방법을 알아봅니다.

 **스텐실 기법**

원래 옛 프랑스 어원인 '에스텐세라'에서 유래된 판화 기법 염색의 하나로서 '글자를 찍는다'는 의미의 스텐실 프린팅의 약칭으로 원하는 무늬를 얇은 필름에 옮겨 그리고 칼로 오려낸 후 천이나 종이, 나무 등에 올려놓고 아크릴 물감을 사용하여 통통하고 평평한 붓으로 두드리거나 살짝 문지르듯이 돌려가며 찍어내는 것입니다.

01 레이어 래스터

페인팅 도구나 필터를 사용할 수 없는 레이어를 래스터화하여 레이어 내용을 평면 래스터 이미지로 변환해요.

01 '12강_아파토사우르스.sai' 파일을 불러와요. [라인워크 레이어]()를 추가하여 '도구 패널'에서 [곡선](), '붓 크기'를 [3]으로 선택하여 그림과 같이 드로잉해요.

02 '라인워크1 레이어'를 복제하여 래스터화하기 위해 [레이어] 메뉴에서 [레이어 복제]를 클릭해요.

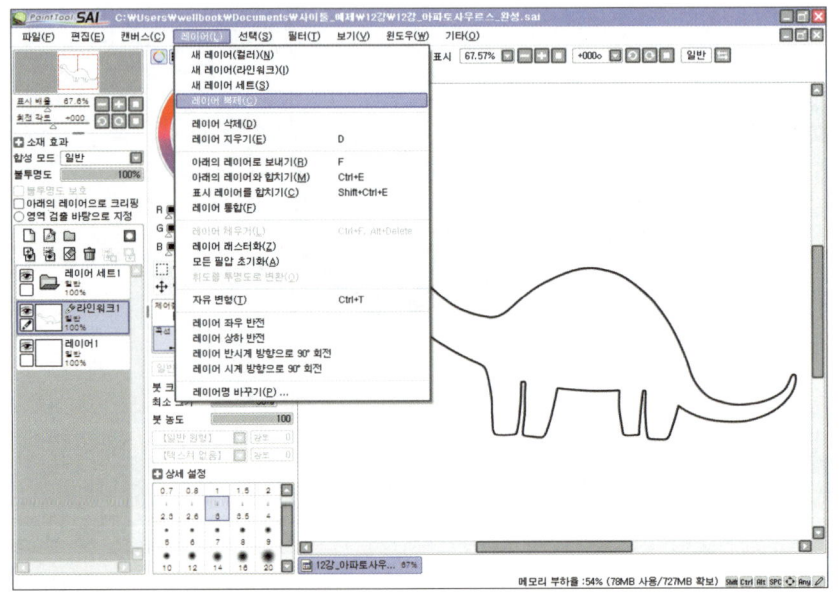

'라인워크 레이어'를
'레스터화'하면,
색을 채울 수 있어요.

03 '레이어 리스트'에 복제된 '라인워크1(2)' 레이어가 추가되면 [레이어] 메뉴에서 [레이어 래스터화]를 클릭해요.

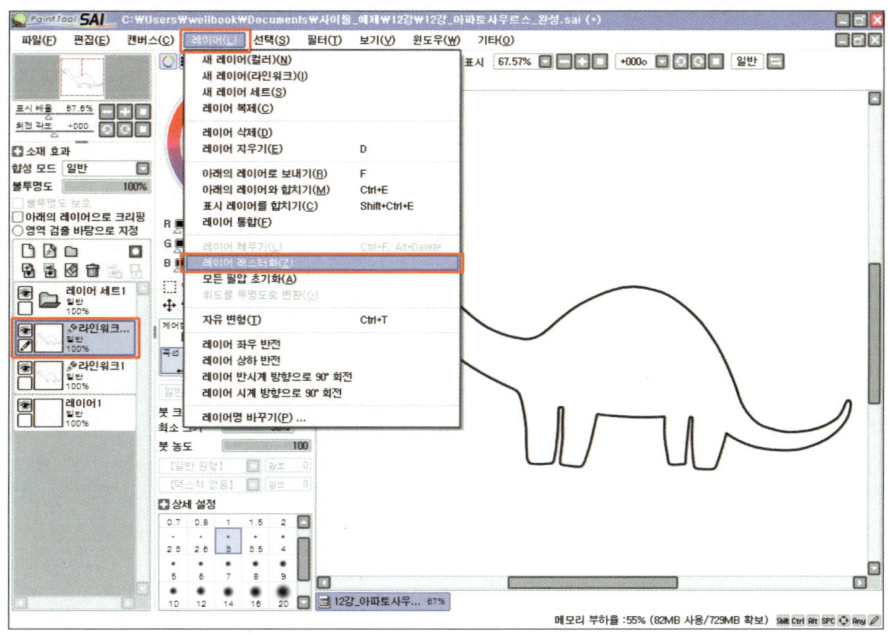

04 '라인워크1(2)' 레이어가 레스터화되면 '아파토사우르스'에 '검정색'을 채우기 위해 [자동선택]( ) 도구를 선택한 후 그림과 같은 부분을 클릭해요.

05 선택된 영역에 색을 채우기 위해 [컬러 써클]()에서 '검정색'을 선택한 후 [페인트 통]( )
도구를 선택해 그림과 같은 부분을 클릭해요.

선택 영역의 해제
Ctrl + D

06 선택 영역이 해제된 '아파토사우르스'에 색을 칠하기 위해 '레이어 패널'에서 [일반 레이어]
( )를 추가한 후 [아래의 레이어로 크리핑]을 선택해요.

스텐실 기법으로 색을 칠해요.

크레용을 이용해 두드리거나 살짝 문지르듯이 돌려가며 찍어내는 스텐실 기법을 적용해요.

01 스텐실 기법을 적용해 색을 칠하기 위해 [컬러 써클](🎨)에서 '초록색'을 선택한 후 '도구 패널'에서 [크레용](✏)을 선택하고 '붓 크기' [100], '붓의 형상' [스프레드], '붓 텍스쳐' [켄트지]를 선택하여 그림과 같이 '아파토사우르스'에 여러 번 클릭해 색을 칠해요.

02 그림과 같이 스텐실 기법을 이용해 색을 칠해 '아파토사우르스'를 완성해요.

① '티라노사우르스'를 드로잉한 후 스텐실 기법을 이용해 채색해요.

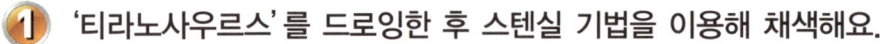

◎ 연습파일 : 12강_티라노사우르스.sai   ● 완성파일 : 12강_티라노사우르스_완성.sai

② '스테고사우르스'를 드로잉한 후 스텐실 기법을 이용해 채색해요.

◎ 연습파일 : 12강_스테고사우르스.sai   ● 완성파일 : 12강_스테고사우르스_완성.sai

13강

마카 일러스트

색을 단계적으로 칠해 다른 색조, 명암, 질감으로 바꾸는 예술 기법인 그러데이션을 마커 도구를 이용해 배워요.

 **그러데이션**

그러데이션(gradation)이란 어떤 색조, 명암, 질감을 단계적으로 다른 색조, 명암, 질감으로 바꾸는 예술 기법을 의미한다. 그러데이션을 통해 공간, 거리, 분위기, 부피, 곡선/곡면 등을 표현할 수 있어요. 미술가들은 재료와 원하는 효과에 따라 블렌딩, 해칭, 크로스해칭 등 다양한 기법을 통해 그러데이션 처리를 해요.

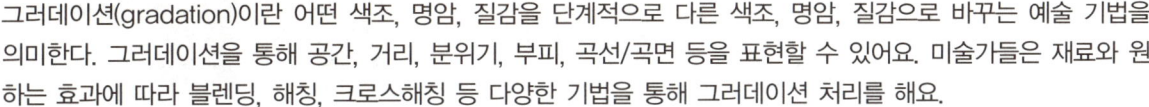

마커펜으로 그러데이션을 만들어요.

마커펜을 이용해 색을 단계적으로 칠해 그러데이션 기법을 표현해요.

01 '13강_하와이언 펀치.sai' 파일을 불러와요. '레이어 패널'에서 [라인워크 레이어](✐)를 추가하고 '도구 패널'에서 [곡선](✒♪) 도구를 선택하고 '붓 크기'를 [3]으로 선택하여 그림과 같이 '얼음'을 제외한 '유리잔'과 '체리'만 드로잉해요.

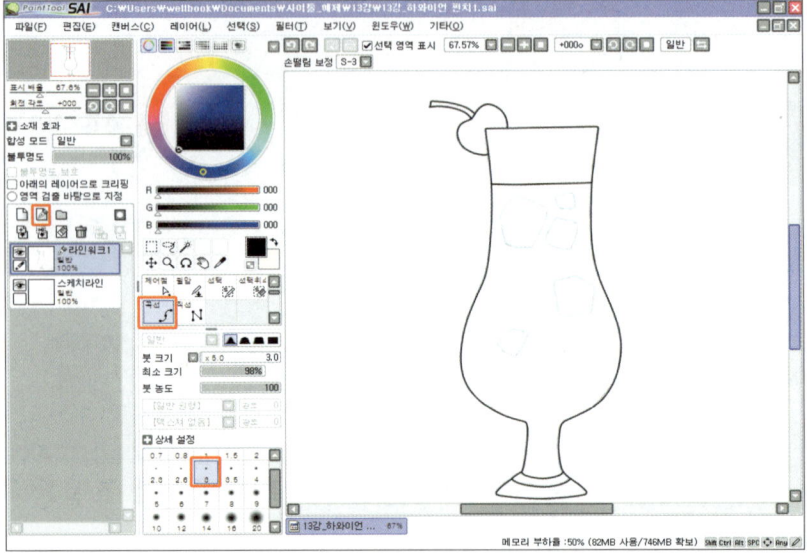

02 마커를 이용해 '하와이언 펀치'를 채색하기 위해 [일반 레이어](▢)를 추가해요.

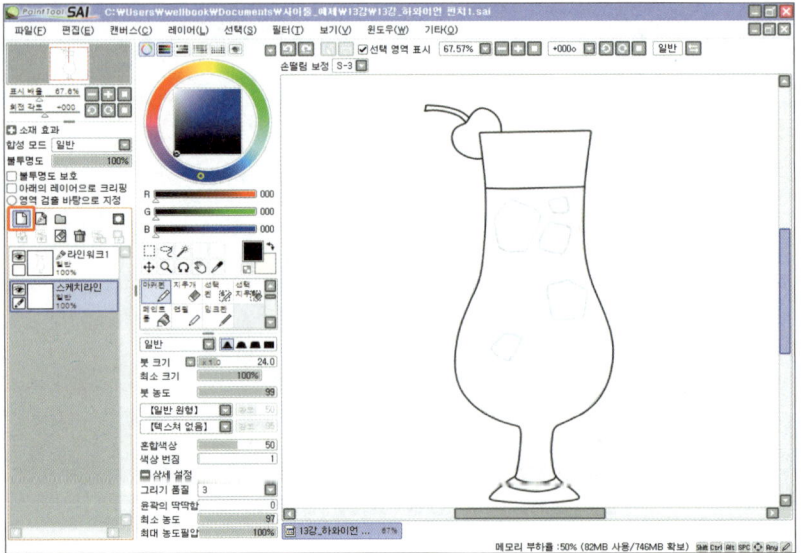

03 채색을 할 수 있는 '레이어1' 이 '라이워크1 레이어' 아래에 추가되면 [RGB 슬라이더](🔳)를 (R:255,G:123,B:091)로 조정한 후 '도구 패널'에서 [마커펜](✏️) 도구, '붓 크기' [25]를 선택해 그림과 같이 얼음을 제외한 '유리잔' 윗부분을 클릭해 채색해요.

> 마커펜을 콕콕! 찍으며 채색해요.

04 그러데이션을 만들기 위해 [RGB 슬라이더](🔳)를 (R:255,G:167,B:103)으로 조정한 후 '도구 패널'에서 [마커펜](✏️)을 선택해 그림과 같이 채색해요.

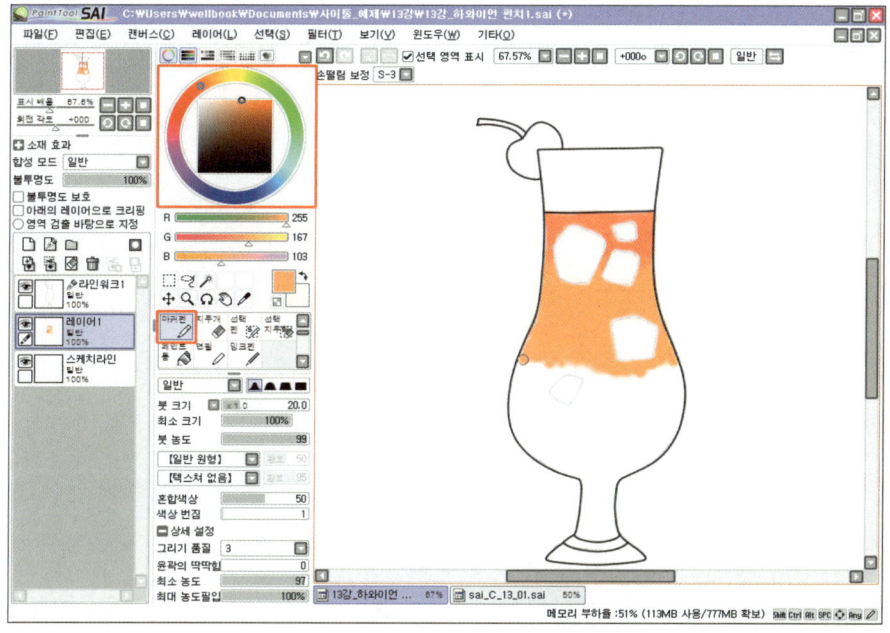

05 다른 색을 이용해 그러데이션을 만들기 위해 [RGB 슬라이더]()를 (R:255,G:186,B:120) 조정한 후 '도구 패널'에서 [마커펜]() 도구, '붓 크기' [30]을 선택해 그림과 같이 채색해요.

06 다른 색을 이용해 그러데이션을 만들기 위해 [RGB 슬라이더]()를 (R:250,G:218,B:172)로 조정한 후 '도구 패널'에서 [마커펜]() 도구, '붓 크기' [30]을 선택해 그림과 같이 채색해요.

07 유리잔을 완성하기 위해 [컬러 써클]()에서 색을 선택하여 그림과 같이 유리잔을 채색해요.

08 그림과 같이 [컬러 써클]()에서 색을 선택한 후 '체리'를 채색해 '하와이언 펀치'를 완성해요.

1 '초코머핀'을 드로잉한 후 마커펜을 이용해 채색해요.

 ◎ **연습파일** : 13강_초코머핀.sai　　 ● **완성파일** : 13강_초코머핀_완성.sai

2 '티라미수'를 드로잉한 후 마커펜을 이용해 채색해요.

◎ **연습파일** : 13강_티라미수.sai　　● **완성파일** : 13강_티라미수_완성.sai

14강 포스터 디자인

관심 유발과 정보 전달의 측면을 고려하여 불조심 포스터와 전기안전 포스터, 자연보호 포스터를 디자인하는 방법을 배워요.

학습 목표
- 배경색을 채우는 방법을 알아봅니다.
- 포스터 디자인을 완성하는 방법을 알아봅니다.

포스터

포스터 혹은 전단은 벽이나 수직면에 부착하기 위해 도안된 종이의 출력물을 말해요. 일반적으로 포스터는 문자적 요소와 그래픽적인 요소를 모두 포함하지만, 순수하게 문자나 그래픽으로만 구성할 수도 있어요. 포스터의 도안은 관심 유발과 정보 전달의 측면을 모두 고려해야 해요. 포스터는 여러 용도로 쓰이는데, 광고, 선전, 항의 활동 등 홍보의 수단으로 포스터를 사용해요.

◎ 연습파일 : 14강_불조심 포스터.sai　　● 완성파일 : 14강_불조심 포스터_완성.sai

배경색을 만들어요.

불조심 포스터에 배경색을 채우기 위해 '일반 레이어'를 추가해 배경색을 채워요.

01 '14강_불조심 포스터.sai' 파일을 불러와요. [라인워크 레이어](✏️)를 추가한 후 그림과 같이 불조심 포스터를 드로잉해요.

02 불조심 포스터에 배경색을 채우기 위해 '레이어1'을 선택한 후 [일반 레이어](📄)를 추가해요.

03 추가된 '레이어'가 '라인워크1' 아래에 추가되면 [RGB 슬라이더]()를 (R:255G:248B:166)
으로 조정하여 배경색을 만들어요.

04 배경색을 채우기 위해 [레이어] 메뉴에서 [레이어 채우기]를 클릭해요.

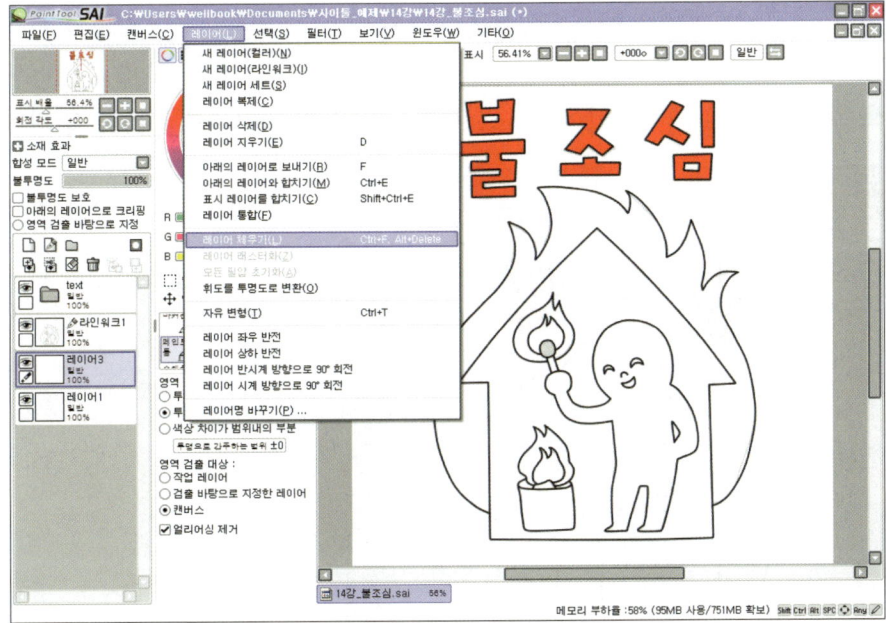

05 불조심 포스터에 색을 채우기 위해 [일반 레이어](📄)를 추가해요.

06 색을 채우기 위해 '라인워크1 레이어'를 선택한 후 [자동 선택](🪄) 도구를 선택하여 그림과 같은 부분에 클릭해요.

07 선택 영역에 색을 채우기 위해 추가한 '레이어'를 선택한 후 [컬러 써클]( )에서 색을 선택하고 [페인트 통]( )을 선택하여 그림과 같이 선택 영역을 클릭해요.

08 색을 채운 후 Ctrl + D 를 눌러 선택 영역을 해제한 후 같은 방법을 이용해 그림과 같이 불조심 포스터를 완성해요.

1 자연보호 포스터에 배경색을 채워 완성해요.

◎ 연습파일 : 14강_자연보호 포스터.sai　● 완성파일 : 14강_자연보호 포스터_완성.sai

2 전기안전 포스터에 배경색을 채워 완성해요.

◎ 연습파일 : 14강_전기안전 포스터.sai　● 완성파일 : 14강_전기안전 포스터_완성.sai

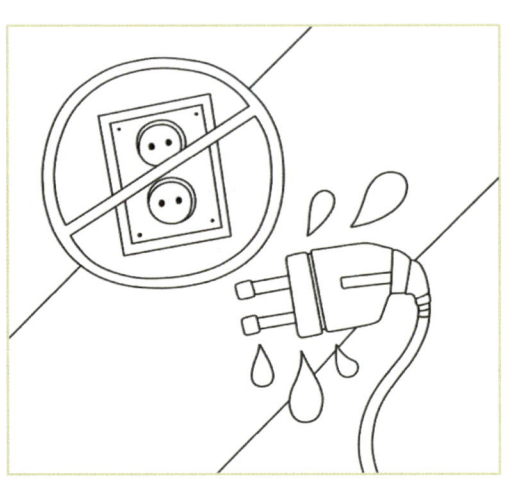

15강 초상화로 그리는 친구

친구의 얼굴을 관찰하여 사람을 주제로 그리는 초상화를 그리는 방법을 배워요.

학습 목표
- 초상화를 그리는 방법을 알아봅니다.
- 얼굴표정을 그리는 방법을 알아봅니다.

 ## 초상화

초상화는 특정 인간의 모습을 표현한 그림이나 사진이다. 초상 예술은 고대 로마의 조각과 더불어 번창했다. 당시 초상화를 만들게 한 사람들은 사실적인 초상화를 요구했다. 세계에서 가장 유명한 초상화는 레오나르도 다빈치가 그린 그림으로, 누구를 그린 것인지 분명하지 않은 '모나리자' 초상화가 있다.

◎ 연습파일 : 15강_호랑이.sai   ◉ 완성파일 : 15강_호랑이_완성.sai

호랑이를 드로잉해요.

사자머리를 드로잉한 후 '일반 레이어'를 추가하여 색을 채워요.

01 '15강_호랑이.sai' 파일을 불러와요. [라인워크 레이어](✏)를 추가한 후 [곡선](⌇) 도구
를 선택하고 도구 패널에서 붓 크기를 [3]으로 선택해 그림과 같이 드로잉해요.

02 호랑이를 채색을 하기 위해 '레이어 리스트'에서 '스케치라인'을 선택한 후 [일반 레이
어](🗋)를 추가해요.

03 색을 채울 영역을 선택하기 위해
'레이어 리스트'에서 '라인워크1'을
선택한 후 [자동 선택](🪄) 도구를
선택해 그림과 같은 부분에 클릭
해요.

04 선택 영역에 색을 채우기 위해 '레
이어1'을 선택한 후 [컬러 써
클](🎨)에서 색을 선택하고 [페인
트 통](🪣) 도구를 선택하여 그림
과 같은 부분을 클릭해요.

선택 영역의 해제
Ctrl + D

05 같은 방법으로 그림과 같은 색을
채워 '호랑이'를 완성해요.

친구의 표정을 살펴요.

친구의 초상화를 그리기 위해 친구의 얼굴을 살펴 어떤 표정을 짓고 있는지 그림으로 나타내요.

01 표정을 그리기 위해 '레이어 리스트'에서 '라이워크1'을 선택한 후 '도구 패널'에서 도구 : [직선](N), 붓 크기 : [3]을 선택하여 그림과 같이 눈썹을 그려요.

02 눈을 그리기 위해 '붓 크기'를 [20]으로 선택한 후 그림과 같은 위치에서 클릭해요.

03 다시 '붓 크기'를 [3]으로 선택하여
그림과 같이 표정을 그려요.

04 입을 그리기 위해 '도구 패널'에서
도구 : [곡선]( ), 붓 크기 : [3]을
선택해 그림과 같은 모양으로 그
려요.

05 입을 그린 후 그림과 같이 치아를
그려 호랑이 모자를 쓴 친구를 완
성해요.

1 토끼를 드로잉한 후 색을 채우고 친구의 표정을 그려요.

◎ 연습파일 : 15강_토끼.sai　●완성파일 : 15강_토끼_완성.sai

2 곰돌이를 드로잉한 후 색을 채우고 친구의 표정을 그려요.

◎ 연습파일 : 15강_곰돌이.sai　●완성파일 : 15강_곰돌이_완성.sai

16강 콜라주 기법

신문지, 색종이, 헝겊, 실, 곡식 등을 오리거나 찢어 잘라 캔버스 등에 붙여 표현하는 '콜라주 기법'을 배워요.

학습 목표
● '올가미' 도구를 사용하는 방법을 알아봅니다.
● '자유 변형'을 이용해 이미지를 변형하는 방법을 알아봅니다.

 **콜라주 기법**

콜라주(Collage)는 질이 다른 여러 가지 신문지, 색종이, 헝겊, 실, 곡식 등을 오리거나 찢어 잘라 캔버스 등에 붙여 표현하는 기법을 말해요. 널빤지, 철판, 기계 부속품 등의 물건을 붙여 표현하기도 해요.

콜라주 기법으로 꾸며요.

색종이나 헝겊 등을 오리거나 찢어 잘라 캔버스에 붙여 표현하는 콜라주 기법을 이용해 '우리 마을'을 꾸며요.

01 '16강_우리마을.sai' 파일을 불러 와요. '콜라주' 폴더를 만들기 위해 [레이어 세트의 새 생성](🗀)을 클릭해요.

02 레이어 이름을 바꾸기 위해 '레이어 세트1'을 '더블클릭' 한 후 [레이어 이름] 창이 나타나면 '콜라주'로 입력하고 [확인] 버튼을 클릭해요.

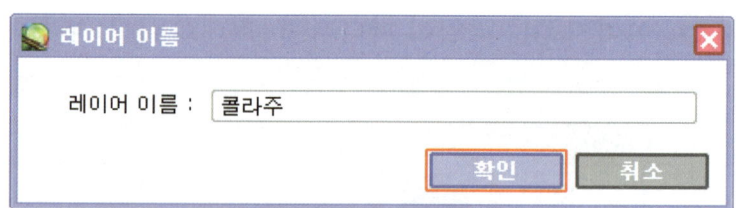

03 콜라주 기법을 적용할 이미지를 불러오기 위해 [파일] 메뉴에서 [캔버스 열기]를 클릭해요.

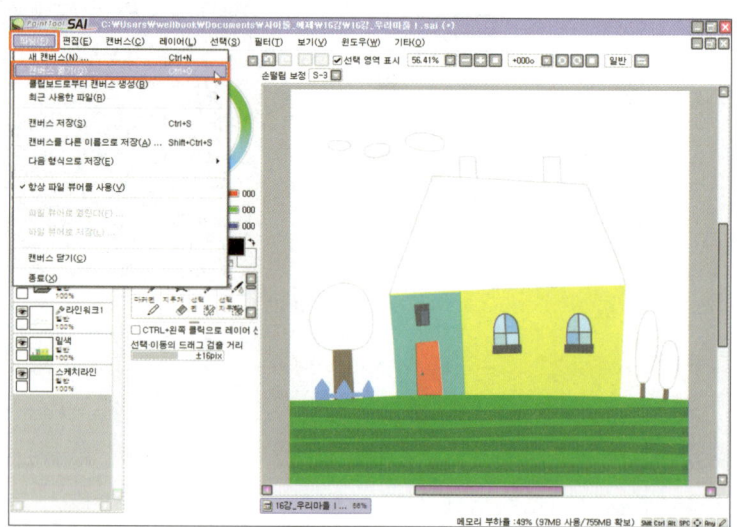

04 [캔버스 열기] 창이 나타나면 '콜라주' 폴더에서 '이미지_01.jpg' 파일을 선택한 후 [열기] 버튼을 클릭해요.

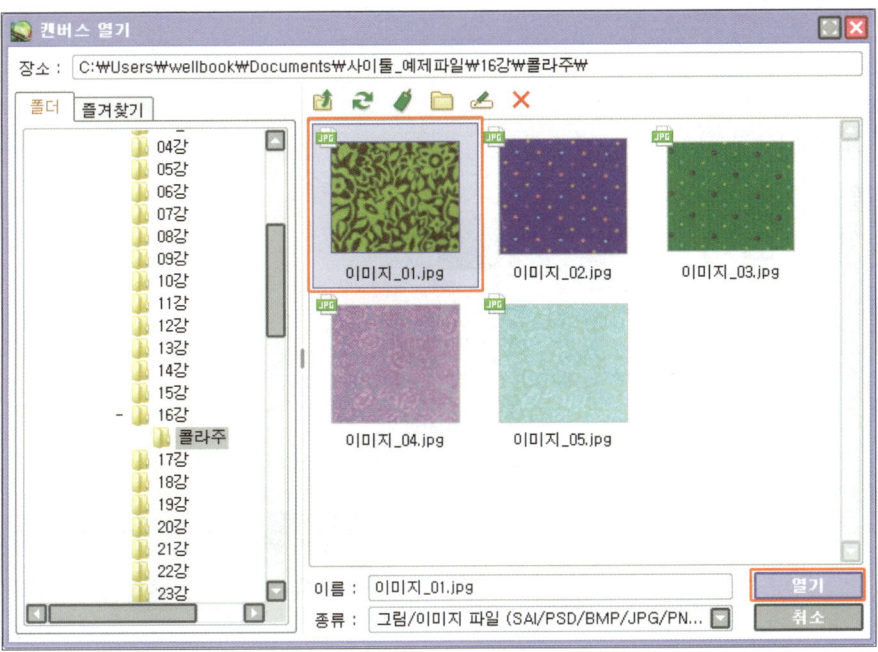

05 '이미지_01' 파일이 나타나면 [최대화](⬜) 버튼을 클릭해요.

06 '16강_우리마을.sai' 파일에 나무를 만들기 위해 '이미지_01' 창을 선택하고 [올가미]( ) 도구를 선택하여 그림과 같이 '원형'을 그리고 복사하기 위해 Ctrl + C 를 눌러요.

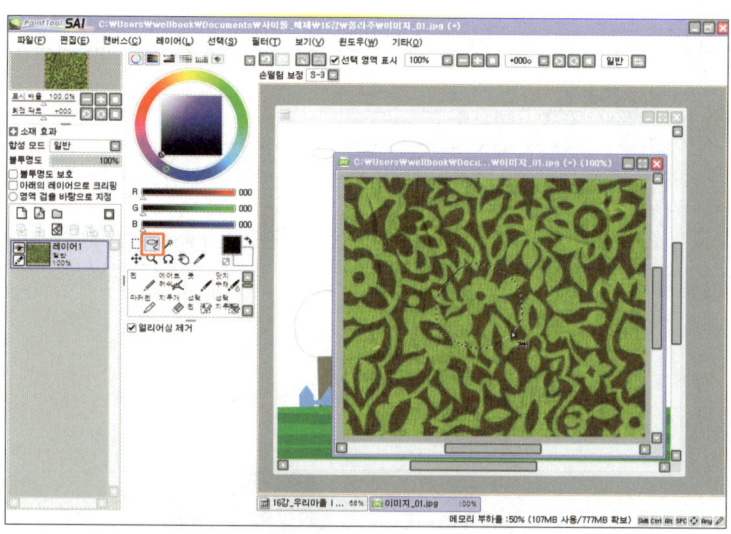

07 복사한 '나무' 이미지를 붙이기 위해 '우리마을' 창을 선택하고 Ctrl + V 를 눌러요.

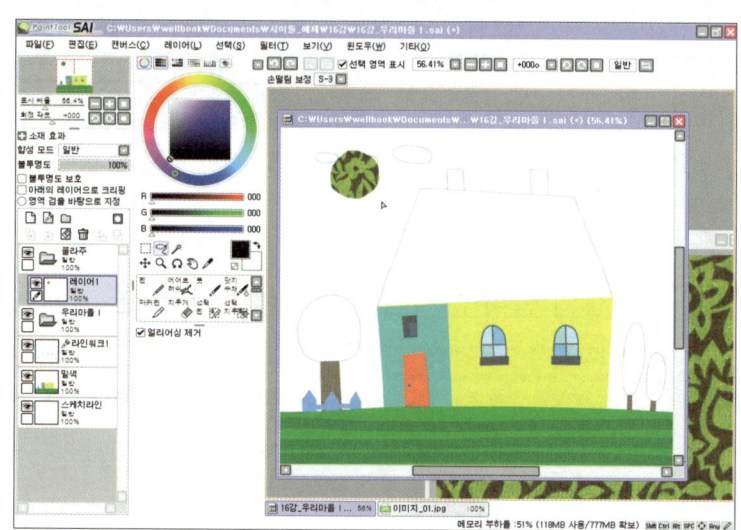

08 '나무' 이미지를 이동하기 위해 [이동]( ) 도구를 선택해 그림과 같은 위치로 드래그해요.

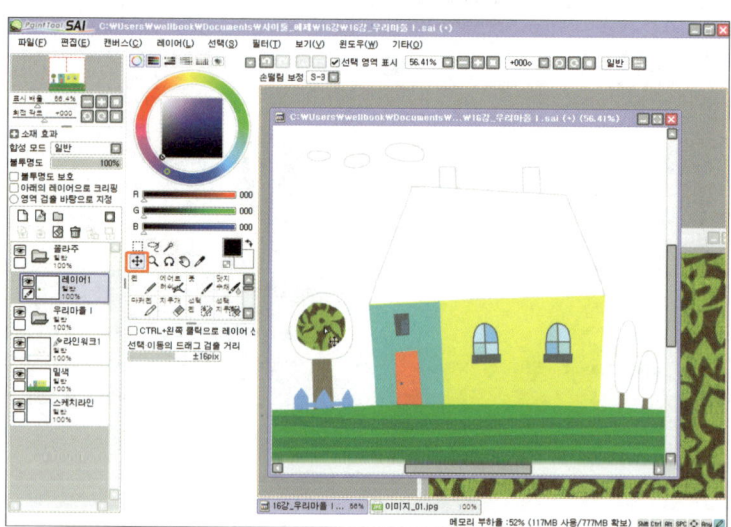

09 이미지의 크기를 조절하기 위해 [레이어] 메뉴에서 [자유 변형]을 클릭해 그림과 같이 크기를 조절해요.

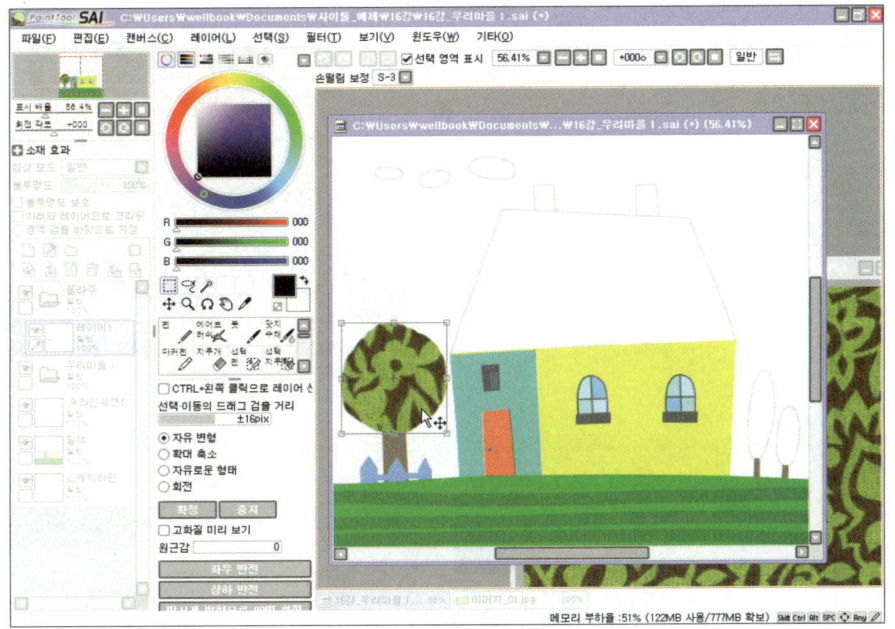

크기 변형이 끝나면 Enter 를 눌러요.

10 위와 같이 콜라주 기법을 이용해 '우리마을' 을 그림과 같이 꾸며 완성해요.

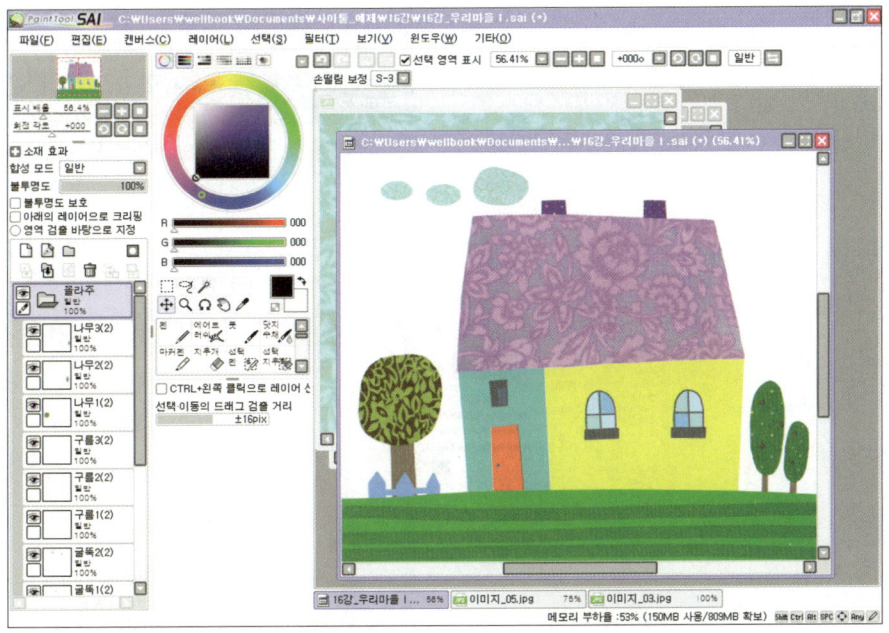

혼자서 뚝딱뚝딱

1 콜라주 기법을 이용해 '슈퍼마켓'을 완성해요.

◎ **연습파일** : 16강_슈퍼마켓.sai   ◉ **완성파일** : 16강_슈퍼마켓_완성.sai

2 콜라주 기법을 이용해 '언덕위의 집'을 완성해요.

◎ **연습파일** : 16강_언덕위의 집.sai   ◉ **완성파일** : 16강_언덕위의 집_완성.sai

17강 주얼리 디자인

액세서리를 디자인하기 위해 주얼리 디자이너처럼 어떤 모양의 귀걸이를 만들지 컨셉을 잡고 디자인하는 방법을 배워요.

학습 목표
● 표시된 레이어를 합치는 방법을 알아봅니다.
● 레이어를 복제하는 방법을 알아봅니다.

 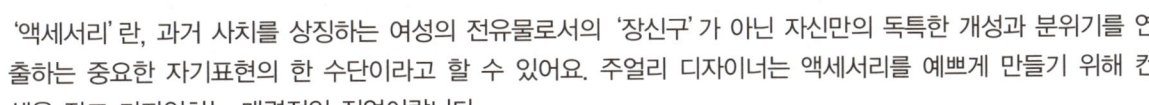

주얼리 디자인

'액세서리' 란, 과거 사치를 상징하는 여성의 전유물로서의 '장신구' 가 아닌 자신만의 독특한 개성과 분위기를 연출하는 중요한 자기표현의 한 수단이라고 할 수 있어요. 주얼리 디자이너는 액세서리를 예쁘게 만들기 위해 컨셉을 잡고 디자인하는 매력적인 직업이랍니다.

01

귀걸이를 디자인해요.

귀걸이를 드로잉한 후 나만의 멋진 스타일로 채색해요.

01 '17강_하트 귀걸이.sai' 파일을 불러와요. 왼쪽 귀걸이를 만들기 위해 [라인워크 레이어]( )를 추가한 후 '도구 패널'에서 도구 : [곡선]( ), 붓 크기 : [5]를 선택해 그림과 같이 드로잉해요.

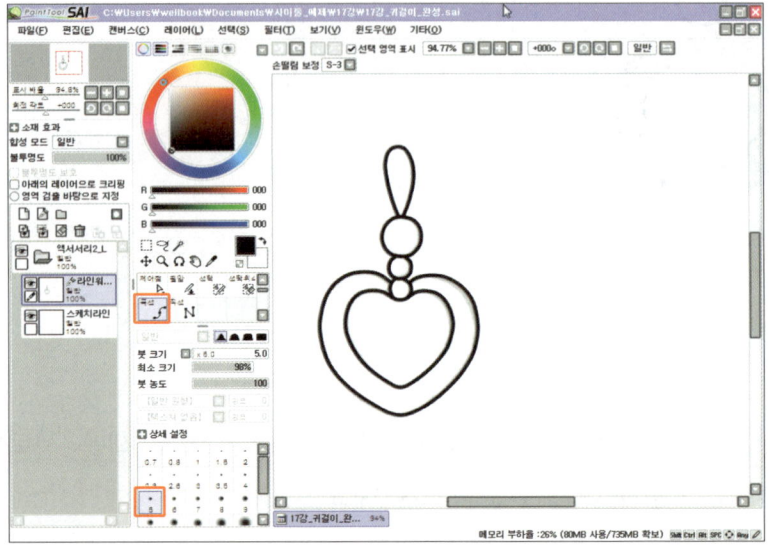

02 채색을 하기 위해 '레이어 리스트'에서 '스케치라인'을 선택한 후 [일반 레이어]( )를 클릭해 추가해요.

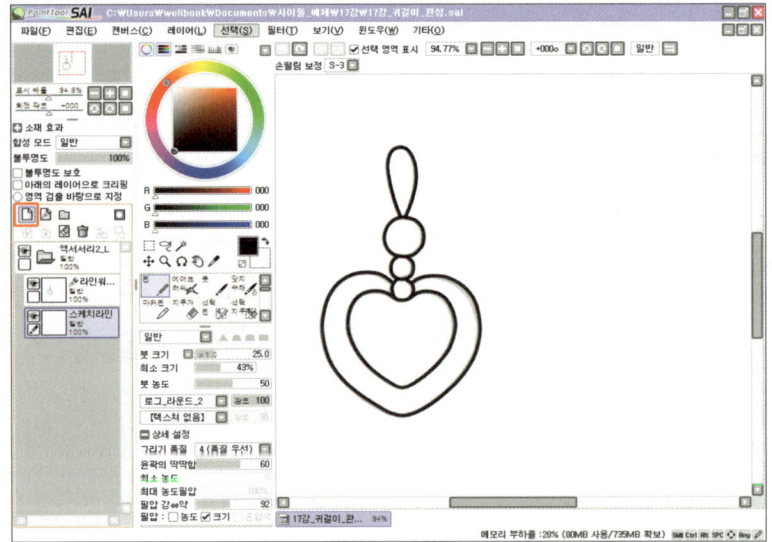

03 색을 채울 부분을 선택하기 위해 '레이어 리스트'에서 '라인워크1 레이어'를 선택한 후 [자동 선택]( ) 도구를 선택해 그림과 같은 부분을 클릭해요.

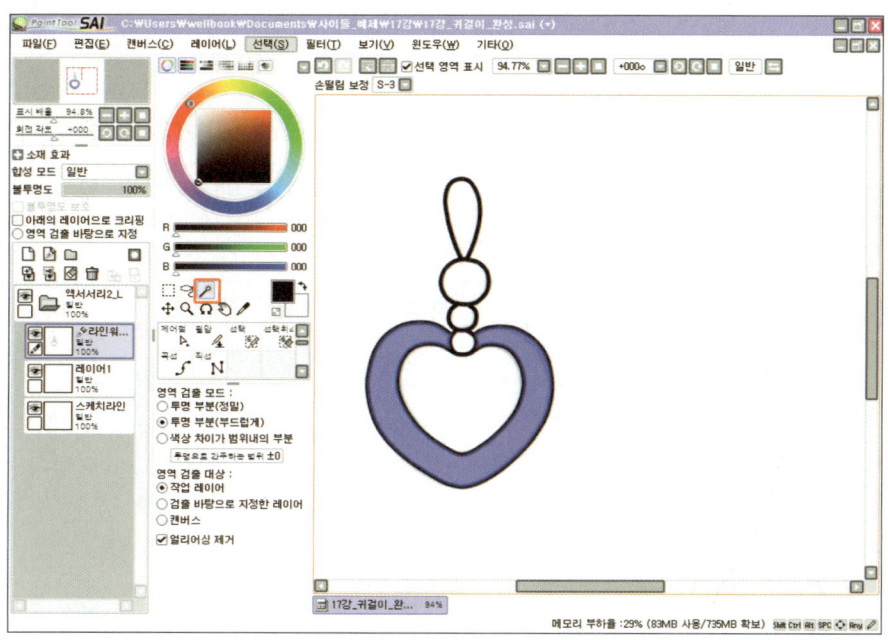

04 선택 영역에 색을 채우기 위해 '레이어1'을 선택한 후 [컬러 써클]( )에서 색을 선택하고 [페인트 통]( ) 도구를 선택하여 그림과 같은 부분을 클릭해요.

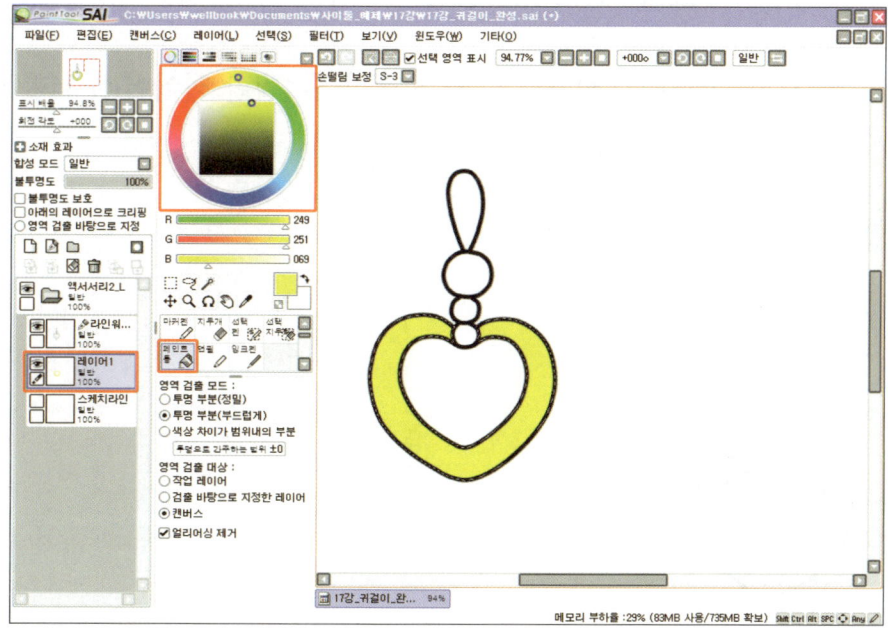

05 같은 방법으로 그림과 같이 색을 채운 후 '라인워크1 레이어'를 선택하고 [자동 선택](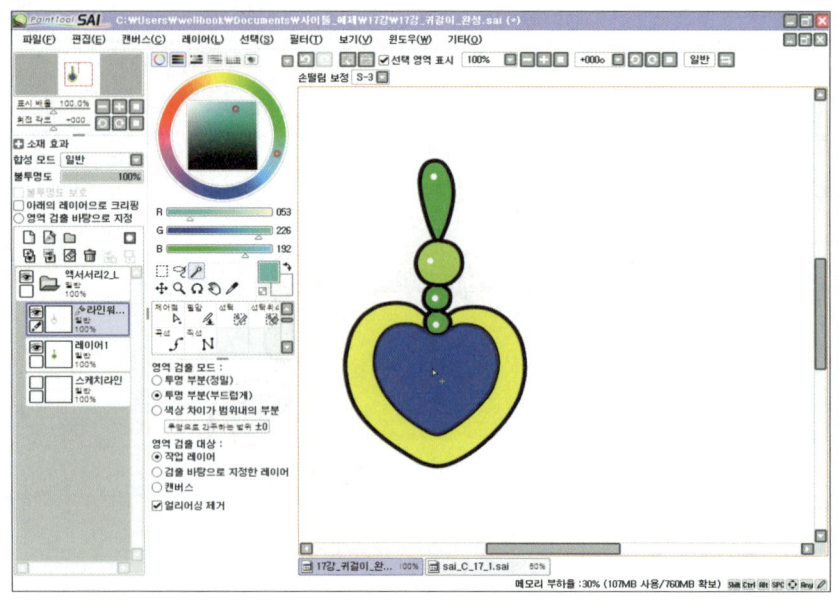) 도구를 선택해 그림과 같은 부분을 클릭해요.

흰색 점 – 도구 : [잉크펜], 붓 크기 : [10], 최소 크기 : [100%]

06 '선택 영역'에 선을 그리기 위해 '도구 패널'에서 도구 : [펜](), 붓 크기 : [20], 최소 크기 : [100], 붓의 형상 : [파인_할로우], 텍스쳐 : [용지 질감]을 선택해 그림과 같이 선을 그려 '하트 귀걸이'를 완성해요.

한 쌍의 귀걸이를 만들어요.

디자인한 귀걸이를 복제하여 한 쌍으로 만든 후 캐릭터에 착용해요.

01 '레이어 리스트'에 표시된 레이어를 합치기 위해 '라인워크 레이어'를 선택한 후 [레이어] 메뉴에서 [표시 레이어를 합치기]를 클릭해요.

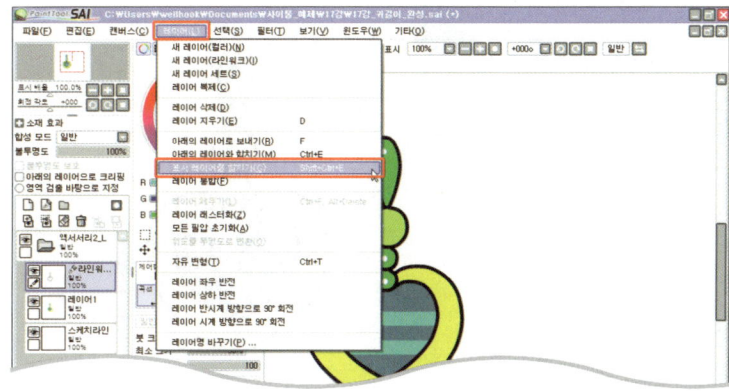

02 합쳐진 레이어를 복제하기 위해 [레이어] 메뉴에서 [레이어 복제]를 클릭해요.

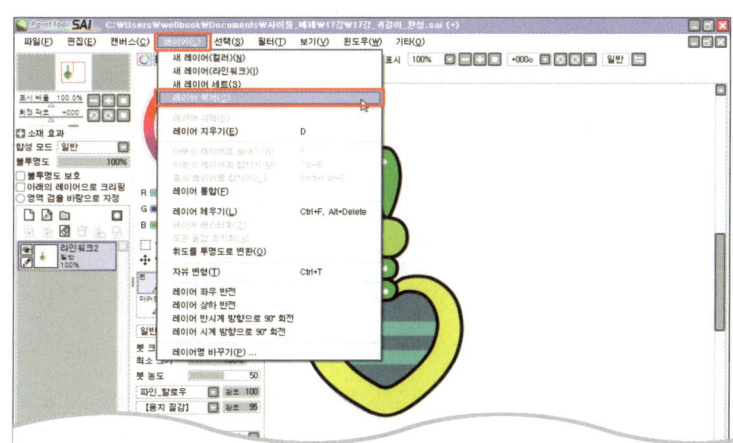

03 그림과 같이 '레이어 리스트'에 복제한 레이어가 추가되면 [이동](✛) 도구를 선택해 오른쪽으로 드래그해요.

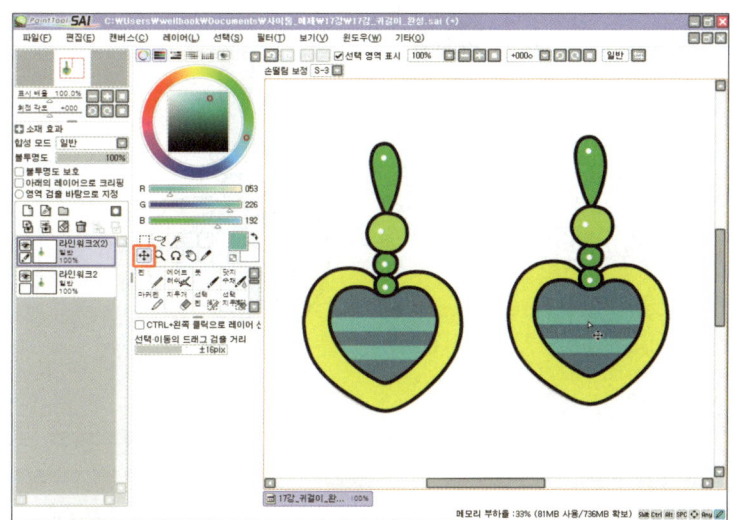

04 캐릭터를 불러오기 위해 [파일] 메뉴에서 [캔버스 열기]를 클릭해요.

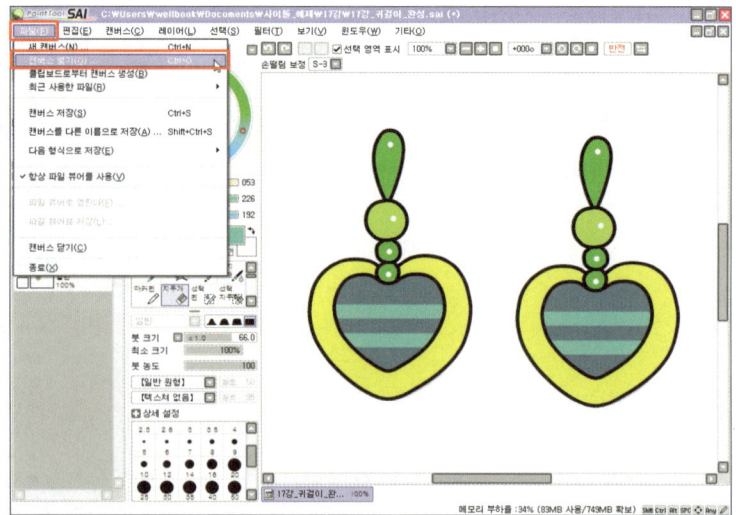

05 17강 폴더에서 '17강_캐릭터.sai' 파일을 선택한 후 [열기] 버튼을 클릭해요.

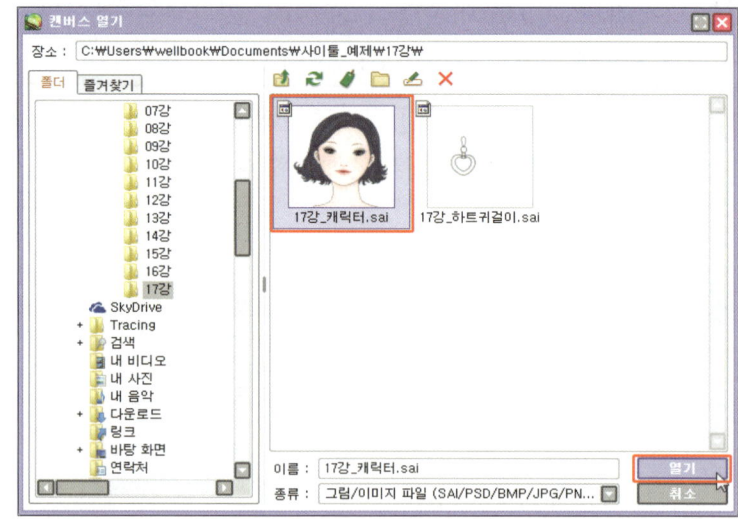

06 '하트 귀걸이' 창을 보기 위해 '17강_캐릭터.sai' 파일이 열리면 [최대화](□) 버튼을 클릭해요.

07 '캐릭터' 창이 축소되면 '하트 귀걸이' 창을 선택하여 '레이어 리스트'에서 '라인워크2'를 드래그하여 '캐릭터' 창으로 이동해요.

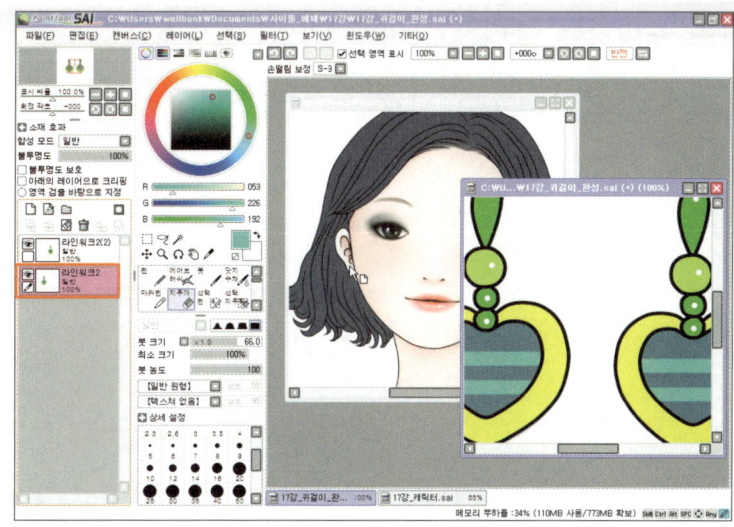

08 '캐릭터' 그림이 있는 '레이어 리스트'에 '하트 귀걸'이 레이어가 추가되면 [이동]( ) 도구를 선택해 그림과 같은 위치로 드래그해요.

09 같은 방법으로 복제된 '라인워크2(2)'도 '캐릭터' 그림이 있는 '레이어 리스트'로 이동하여 그림과 같이 하트 귀걸이를 착용한 캐릭터를 완성해요.

① '코사지'를 디자인해 완성한 후 캐릭터에 착용해요.

◎ 연습파일 : 17강_코사지.sai ● 완성파일 : 17강_코사지_완성.sai

② '왕관' 액세서리를 디자인해 '캐릭터'에 착용해요.

◎ 연습파일 : 17강_왕관.sai ● 완성파일 : 17강_왕관_완성.sai

패션 디자인

옷과 장신구를 디자인하는 패션 디자이너처럼 나만의 개성 있는 옷을 디자인하는 방법을 배워요.

학습 목표
● 봄옷을 디자인하는 방법을 알아봅니다.
● 캐릭터에 옷을 착용하는 방법을 알아봅니다.

패션 디자인

패션 디자인은 옷과 장신구에 관한 디자인 및 미학 응용 분야를 말해요. 패션 디자인은 사회 문화적 영향을 받으며 시간과 장소에 따라 다양해요. 이러한 일을 하는 사람을 패션 디자이너라고 불러요.

01 봄옷을 디자인해요.

종이인형 옷을 만들기 위해 드로잉한 후 색을 선택하여 봄옷을 채색해요.

01 '18강_봄옷.sai' 파일을 불러와요. 봄옷을 드로잉하기 위해 [라인워크 레이어](🖊)를 추가한 후 도구 : [곡선](꼭선 ⌇), 붓 크기 : [2]를 선택하여 그림과 같이 드로잉해요.

02 드로잉한 봄옷에 색을 채우기 위해 '레이어 리스트'에서 '옷1_스케치 라인'을 선택한 후 [일반 레이어](📄)를 클릭해 추가해요.

03 색을 채울 부분을 선택하기 위해 '레이어 리스트'에서 '라인워크1 레이어'를 선택한 후 [자동 선택](🪄) 도구를 선택해 그림과 같은 부분을 클릭해요.

04 선택 영역에 색을 채우기 위해 '레이어1'을 선택한 후 [컬러 써클](🔵)에서 색을 선택하고 [페인트 통](🪣) 도구를 선택하여 그림과 같은 부분을 클릭해요.

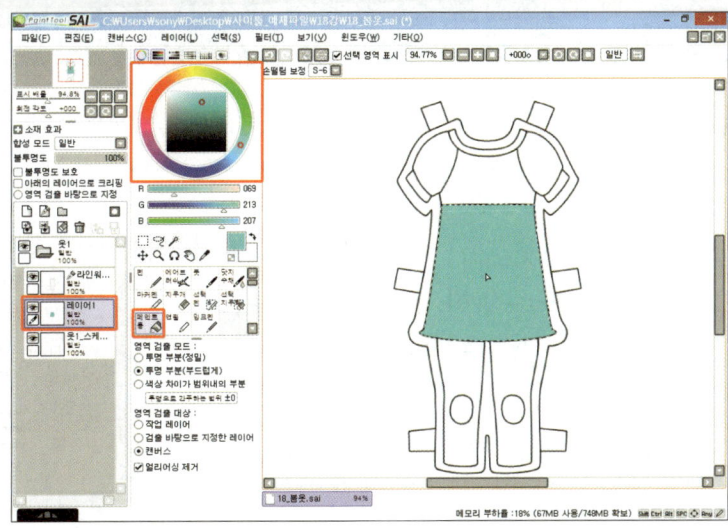

05 '선택 영역' 상태에서 옷에 무늬를 그리기 위해 도구 : [펜](✏️), 붓 크기 : [15], 최소 크기 : [50], 붓의 형상 : [파인_할로우], 텍스쳐 : [용지 질감]을 선택해 그림과 같이 선을 그려요.

선택 영역의 해제
Ctrl + D

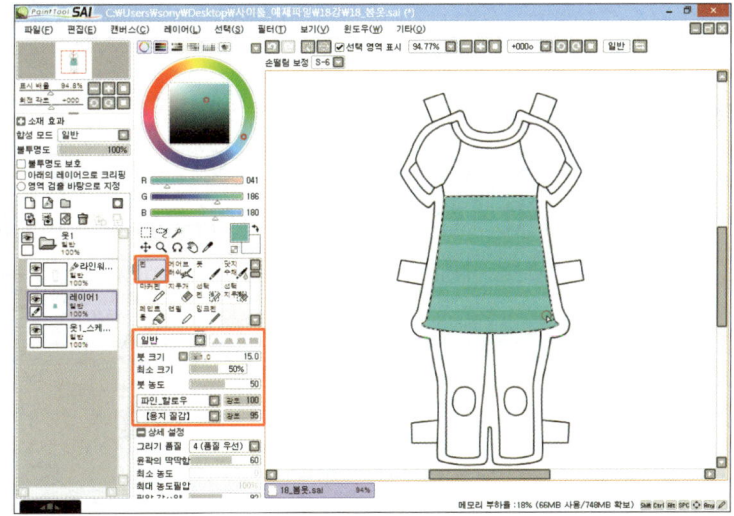

06 위와 같은 방법으로 그림과 같이 색을 채워 '봄옷'을 완성해요.

흰색 점 – 도구 : [연필], 붓 크기 : [20], 불투명도 : [255]

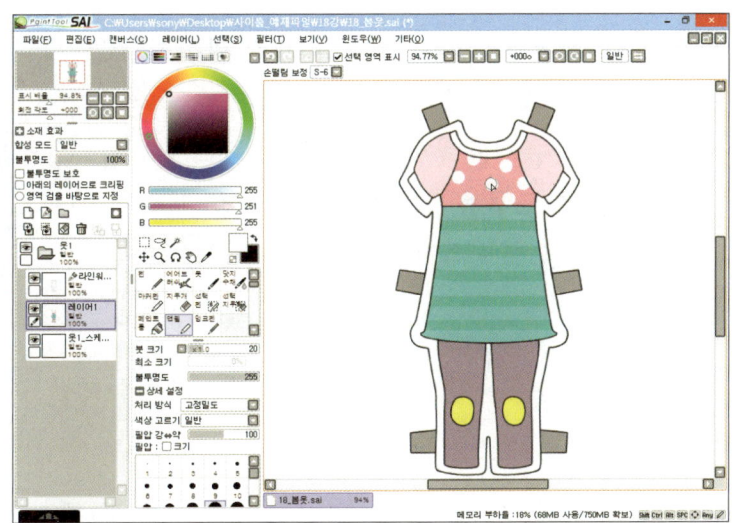

디자인한 봄옷을 종이인형에 입혀요.

종이인형 파일을 불러와 직접 디자인한 봄옷을 입혀요.

01 종이인형을 불러오기 위해 [파일] 메뉴에서 [캔버스 열기]를 클릭해요.

02 '캔버스 열기' 창이 나타나면 '18강 _종이인형.sai' 파일을 선택한 후 [열기] 버튼을 클릭해요.

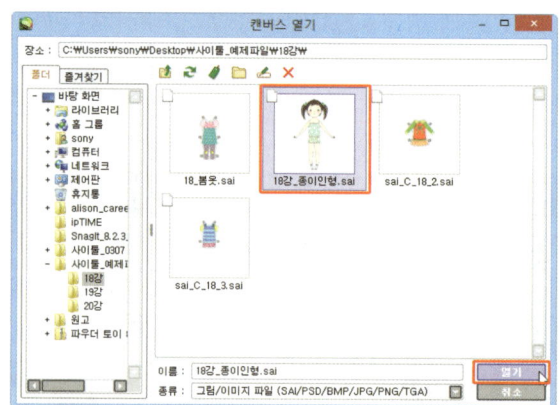

03 '종이인형' 파일이 나타나면 [최대 화](□) 버튼을 클릭해요.

04 그림과 같이 '봄옷' 창이 나타나면 창을 선택한 후 '레이어 리스트'에서 '옷1' 폴더를 선택하고 드래그하여 '종이인형' 창으로 이동해요.

05 그림과 같이 디자인한 '봄옷'을 입고 있는 종이 인형의 모습을 볼 수 있어요.

1 '종이인형'에게 어울리는 '여름옷'을 디자인한 후 입혀요.

◎ 연습파일 : 18강_여름옷.sai　　● 완성파일 : 18강_여름옷_완성.sai

2 '종이인형'에게 어울리는 '가을 옷'을 디자인한 후 입혀요.

◎ 연습파일 : 18강_가을옷.sai　　● 완성파일 : 18강_가을옷_완성.sai

19강 알록달록 네일아트

작은 손톱 위에 알록달록 색을 칠하는 예술 작업의 하나인 네일아트를 하는 방법을 배워요.

학습 목표
- 왼손을 드로잉하는 방법을 알아봅니다.
- '연필' 도구를 이용해 채색하는 방법을 알아봅니다.

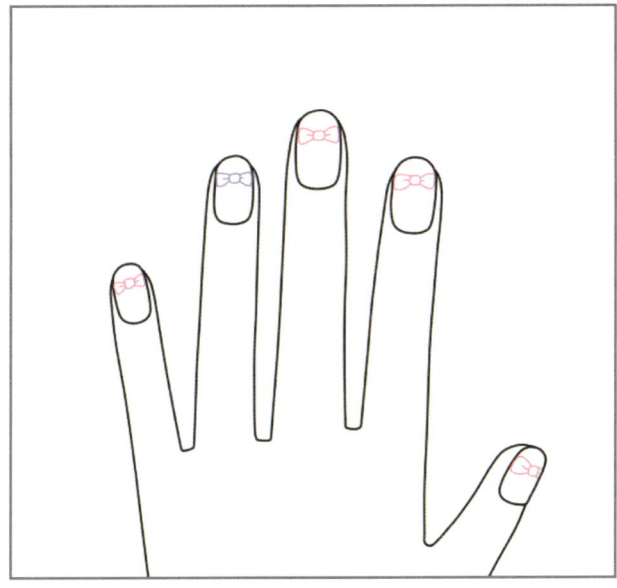

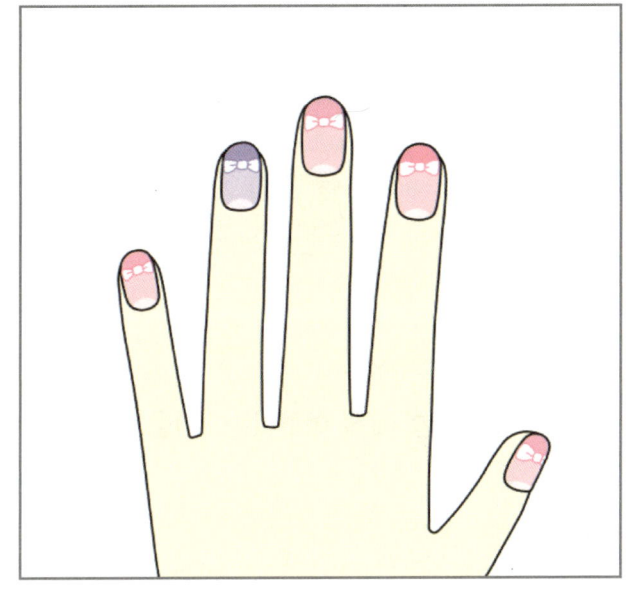

 **네일아트**

고대 이집트에서는 손톱의 색깔이 신분을 나타내는 중요한 기준으로 여겨져 '해나' 라는 관목에서 빨간색과 주황색을 추출하여 왕족은 짙은 색으로, 낮은 계층의 사람들은 옅은 색으로 손톱을 칠했다고 전해져요. 네일아트란 손톱이라는 좁은 공간 위에서 할 수 있는 창조적인 예술 작업을 말해요.

왼손을 드로잉해요.

손톱에 리본이 그려진 네일아트를 하기 위해 왼손을 드로잉해요.

01 '19강_왼손 네일아트.sai' 파일을 불러와요. 채색을 하기 위해 '레이어 리스트'에서 '손레이어'를 선택한 후 [일반 레이어](📄)를 추가해요.

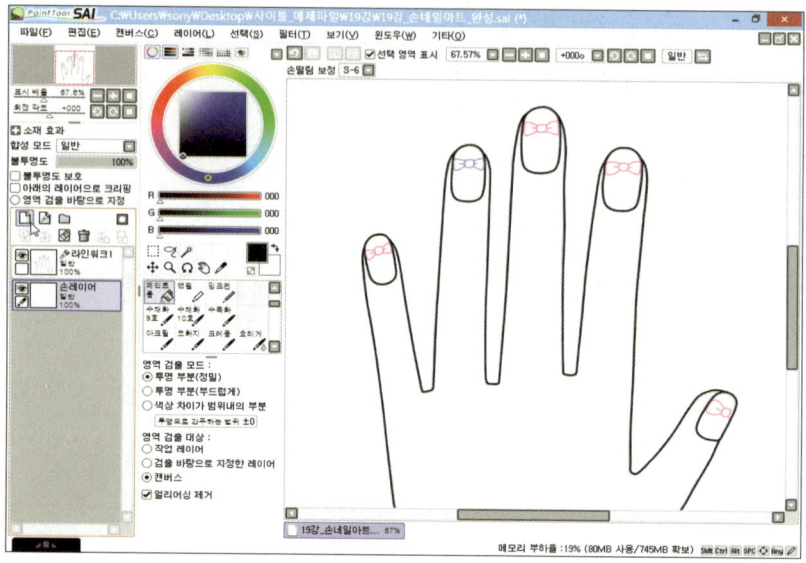

02 왼손에 색을 채우기 위해 '레이어 리스트'에 준비된 '라인워크1 레이어'를 선택한 후 [자동선택](🪄) 도구를 선택하여 그림과 같은 부분에 클릭해요.

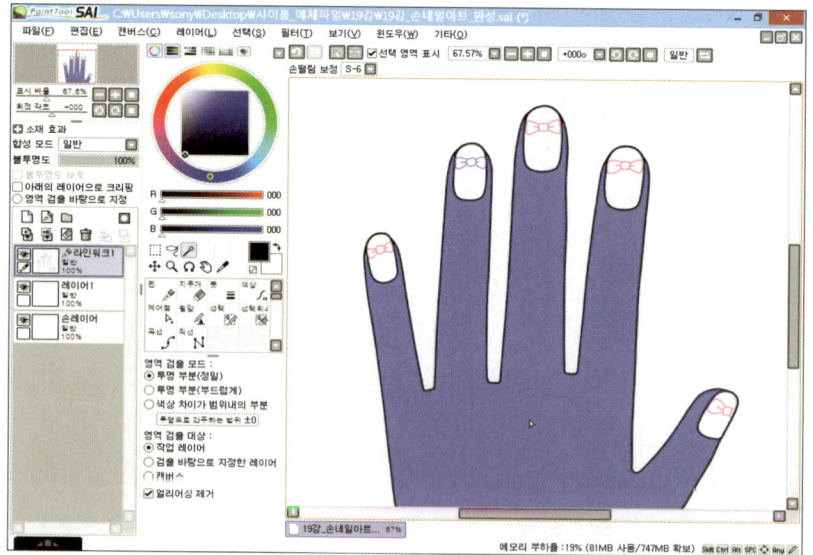

03 '선택 영역'에 색을 채우기 위해 추가한 '레이어1'을 선택한 후 [RGB 슬라이더](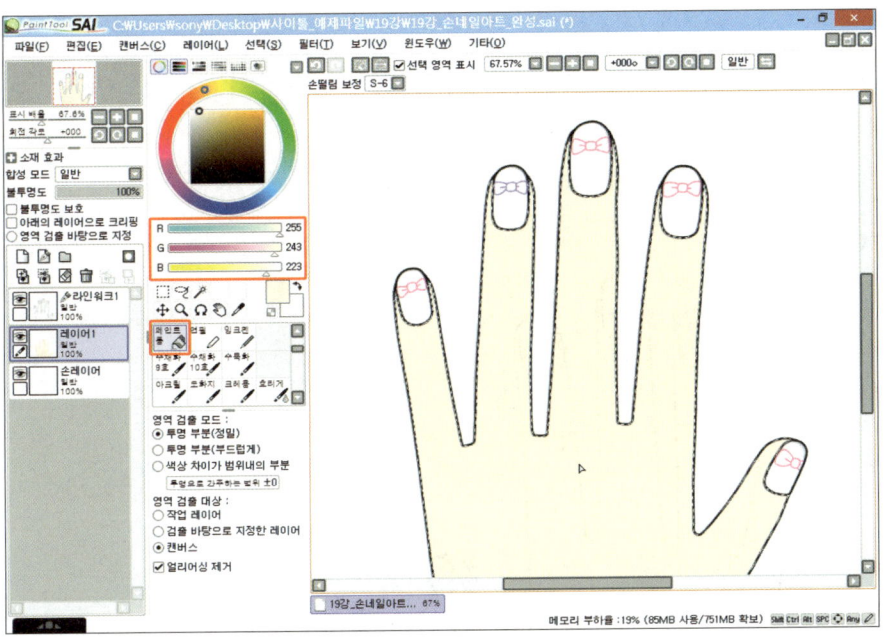)를 (R:255, G:243, B:223)으로 조정하고 [페이트 통]( ) 도구를 선택하여 그림과 같이 '선택 영역' 부분을 클릭해요.

04 왼손 부분에 색이 채워지면 Ctrl + D 를 눌러 '선택 영역'을 해제한 후 '손톱'을 선택하기 위해 '라인워크1'을 선택하고 [자동 선택]( ) 도구를 선택하여 그림과 같은 부분을 클릭해요.

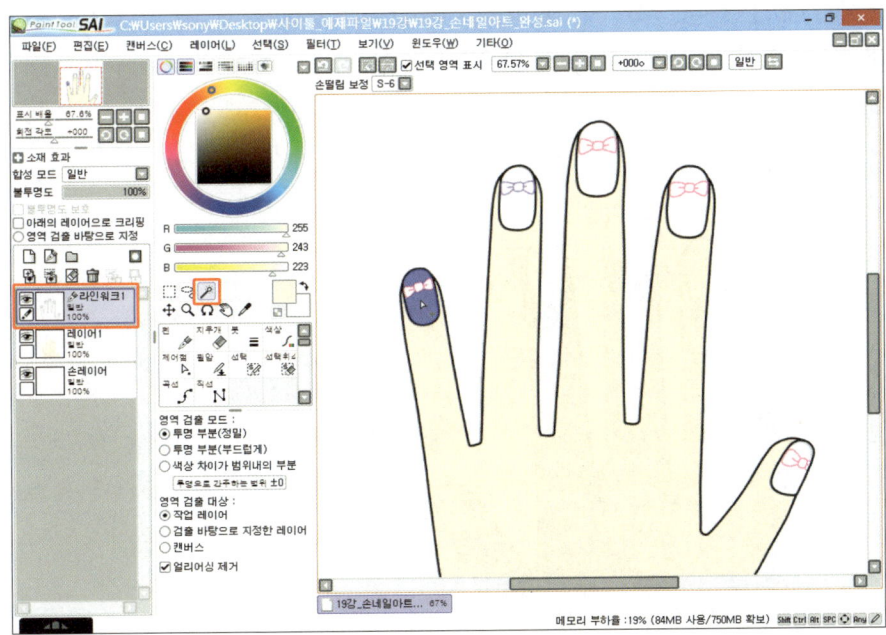

알록달록 다양한 색을 선택해 네일아트를 시작해요.

01 '선택 영역' 부분에 색을 채우기 위해 '레이어1'을 선택한 후 [RGB 슬라이더](🎛)를 (R:255,G:166,B:198)로 조정하고, 도구 : [연필](✏), 붓 크기 : [70], 불투명도 : [255]를 선택해 그림과 같은 부분에 클릭해요.

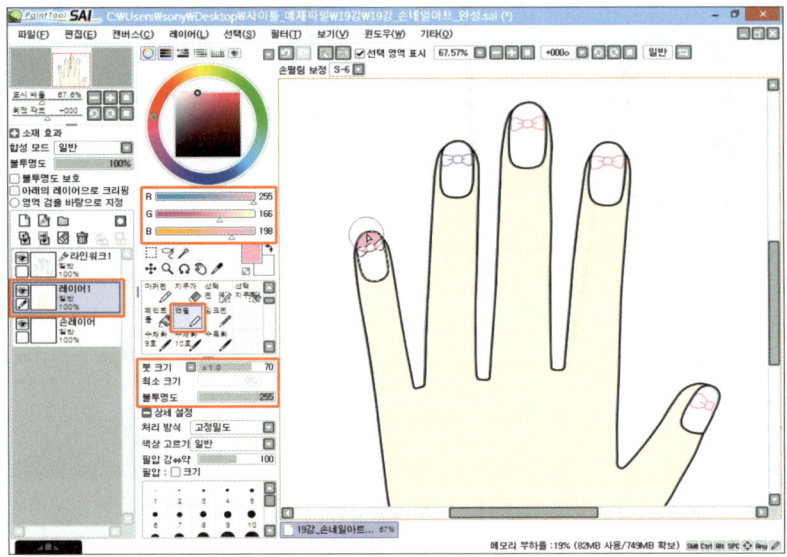

02 '두 번째' 색을 채색하기 위해 [RGB 슬라이더](🎛)를 (R:255,G:205,B:215)로 조정한 후 도구 : [연필](✏), 붓 크기 : [70], 불투명도 : [255]를 선택해 그림과 같은 부분에 클릭해요.

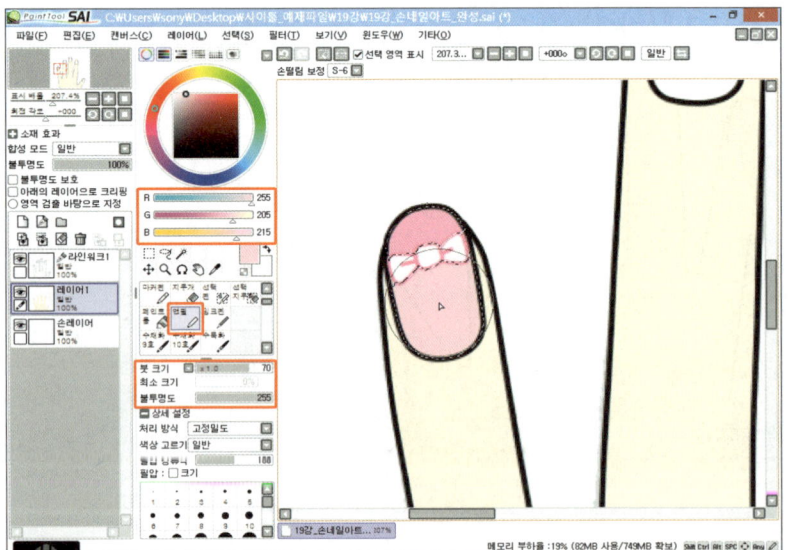

03 '세 번째' 색을 채색하기 위해 [RGB 슬라이더]( )를 (R:255,G:239,B:239)로 조정한 후 도구 : [연필]( ), 붓 크기 : [70], 불투명도 : [255]를 선택해 그림과 같은 부분에 클릭해 네 일아트를 완성해요.

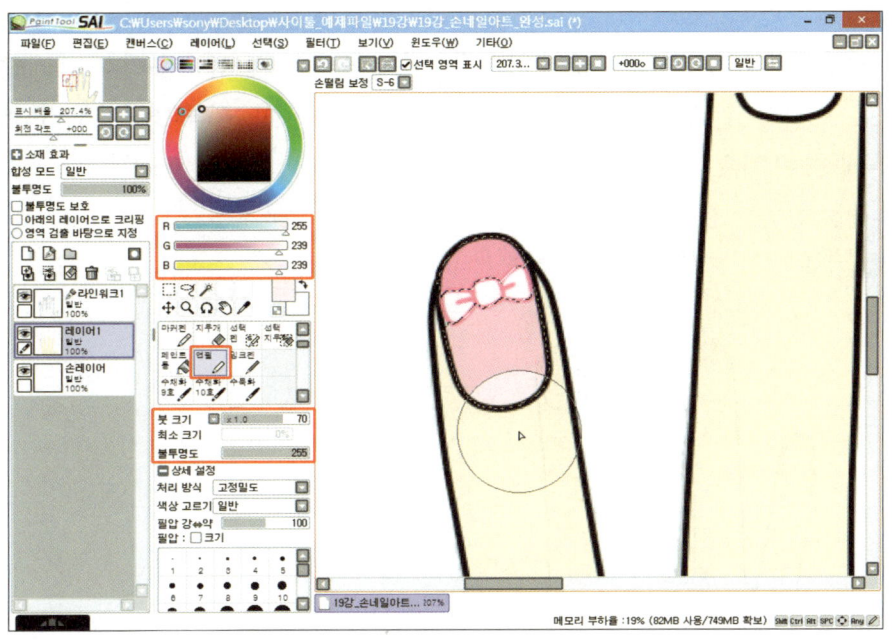

04 위와 같은 방법을 이용해 그림과 같이 '왼손' 네일아트를 완성해요.

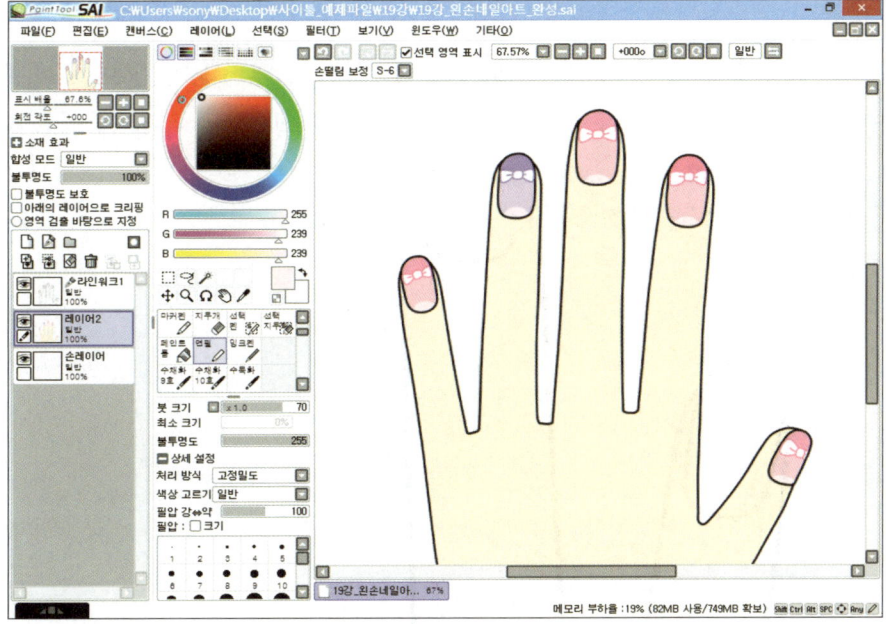

1 오른손을 드로잉한 후 손톱을 네일아트로 완성해요.

◎ **연습파일** : 19강_오른손 네일아트.sai　● **완성파일** : 19강_오른손 네일아트_완성.sai

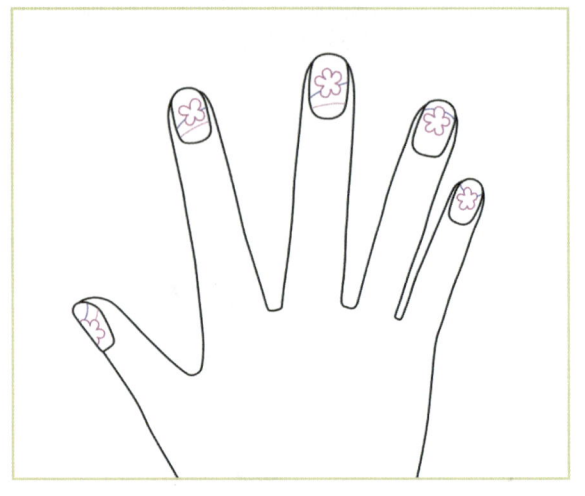
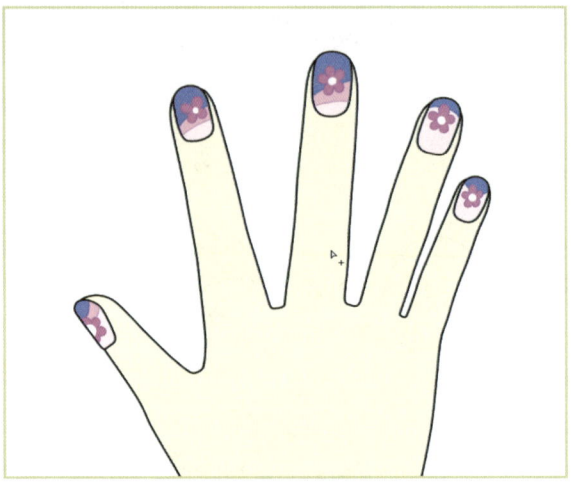

2 왼발을 드로잉한 후 발톱을 네일아트로 완성해요.

◎ **연습파일** : 19강_왼발 네일아트.sai　● **완성파일** : 19강_왼발 네일아트_완성.sai

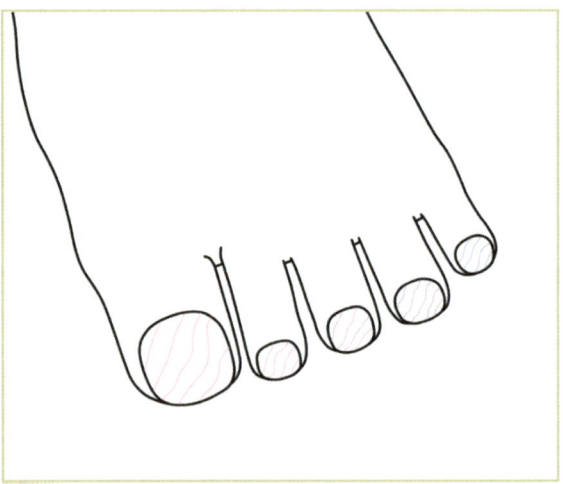
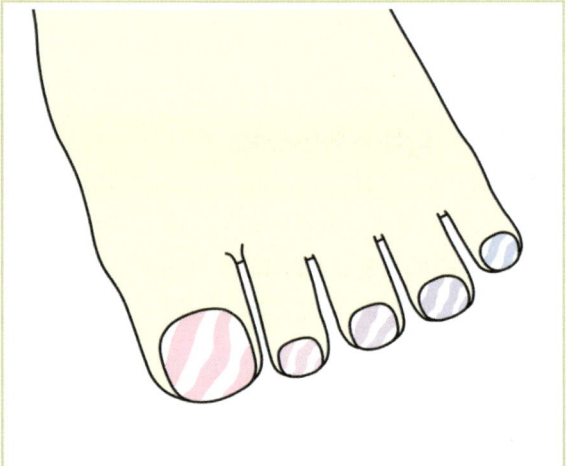

20강 미래의 일러스트레이터

신문이나 동화책에 들어가는 다양한 그림을 그리는 일러스트레이터처럼 캐릭터를 그리고 채색하는 방법을 배워요.

학습 목표
- '지우개' 도구를 이용하는 방법을 알아봅니다.
- 테두리를 점선으로 만드는 방법을 알아봅니다.

 **일러스트레이터**

미술계에서는 일러스트레이션(삽화)을 그리는 사람으로 불러요. 원래 뜻은 삽화가라는 좁은 의미였으나 현대에 와서는 순수미술의 예술가와 구별이 모호할 정도로 그 영역이나 수단의 경계가 확장되어요.

점선을 표현해요.

패션토끼를 드로잉한 후 테두리를 점선으로 표현하기 위해 '지우개' 도구를 사용해요.

01 '20강_패션토끼일러스트.sai'를 불러와요. 드로잉을 하기 위해 [라인워크 레이어](✎)를 추가한 후 도구 : [곡선](⌇), 붓 크기 : [3]을 선택하여 그림과 같이 '패션토끼'를 드로잉해요.

02 점선을 만들기 위해 [RGB 슬라이더](▤)를 (R:168,G:168,B:168)로 조정하고, 도구 : [곡선](⌇), 붓 크기 : [3]을 선택해 그림과 같이 드로잉해요.

03 표시된 '일러스트레이어'를 숨기기 위해 '일러스트레이어'를 선택한 후 [레이어의 표시·숨김](👁)을 선택해요.

04 테두리를 점선으로 표현하기 위해 '라인워크1'을 선택한 후 도구 : [지우개](✏️), 붓 크기 [20]을 선택하여 그림과 같이 선을 클릭해 점선을 표현해요.

일러스트를 채색해요.

드로잉한 패션토끼를 더 멋지게 표현하기 위해 채색해요.

01 색을 채우기 위해 '일러스트 레이어'를 선택한 후 [일반 레이어]( )를 추가해요.

02 색을 채울 부분을 선택하기 위해 '라인워크1 레이어'를 선택한 후 [자동 선택]( ) 도구를 선택하여 그림과 같은 부분을 클릭해요.

03 '선택 영역'에 색을 채우기 위해 추가한 '레이어1'을 선택한 후 [컬러 써클](🔵)에서 색을 선택하고 [페인트 통](🪣) 도구를 선택해 '선택 영역' 부분을 클릭해요.

04 위와 같은 방법을 이용해 '패션토끼' 일러스트를 완성해요.

점무늬 – 도구 : [연필], 붓 크기 : [20], 불투명도 : [255]

혼자서 뚝딱뚝딱

1 '스마트토끼'를 드로잉한 후 채색하여 일러스트를 완성해요.

◎ 연습파일 : 20강_스마트토끼.sai   ● 완성파일 : 20강_스마트토끼_완성.sai

2 '버블토끼'를 드로잉한 후 채색하여 일러스트를 완성해요.

◎ 연습파일 : 20강_버블토끼.sai   ● 완성파일 : 20강_버블토끼_완성.sai

21강 이것이 카툰이다.

그림으로 자신의 생각이나 사건을 재미있고, 재치 있게 표현할 수 있는 카툰을 그리는 방법을 배워요.

학습 목표
● '필압' 도구를 이용해 선을 '굵게' 표현하는 방법을 알아봅니다.
● '필압' 도구를 이용해 선을 '가늘게' 표현하는 방법을 알아봅니다.

 **카툰**

1841년 영국에서 벽화 그림을 현상 공모하였으나 상당수의 초벌 그림이 수준 미달이어서 만화잡지인 '펀치'지에 게재하였는데 예상외로 어린이의 낙서 같은 그림들이 놀랍게도 큰 인기를 얻게 되고 세상에 널리 알려지면서 '카툰'이란 말이 만화라는 의미로 사용되기 시작했어요.

01 '필압' 도구를 이용해요.

카툰의 이미지를 더욱 돋보이게 하기 위해 '필압' 도구를 이용해 선의 두께를 가늘고 굵게 표현해요.

01 '21강_울보.sai' 파일을 불러와요. 드로잉을 하기 위해 [라인워크 레이어](📝)를 추가한 후 도구 : [곡선](✏), 붓 크기 : [3.5]를 선택해 그림과 같이 드로잉해요.

02 선을 가늘고 굵게 표현하기 위해 [필압](🖊) 도구를 선택한 후 그림과 같이 '연두색' 조절점을 선택하면 '빨간색'으로 변경돼요.

03 선을 굵게 표현하기 위해 '빨간색' 조절점을 '오른쪽'으로 드래그하면 '필압'이 증가되면서 선이 굵게 표현돼요.

04 다시 선을 가늘게 표현하기 위해 그림과 같이 '연두색' 조절점을 선택하면 '빨간색'으로 변경돼요.

05 선을 가늘게 표현하기 위해 '빨간색' 조절점을 '왼쪽'으로 드래그하면 '필압'이 감소되면서 선이 가늘게 표현돼요.

06 '필압' 도구를 이용해 선을 굵고 가늘게 표현해 그림과 같이 '카툰' 드로잉을 완성해요.

키툰을 채색해요.

완성된 드로잉을 채색하기 위해 레이어를 추가한 후 캐릭터를 채색해 카툰을 완성해요.

01 채색을 하기 위해 '울보 레이어'를 선택한 후 [일반 레이어]( )를 추가해요.

02 색을 채울 부분을 선택하기 위해 '라인워크1 레이어'를 선택한 후 [자동 선택]( ) 도구를 선택하여 그림과 같은 부분을 클릭해요.

03 '선택 영역'에 색을 채우기 위해 추가한 '레이어1'을 선택한 후 [컬러 써클]()에서 색을 선택하고 [페인트 통]() 도구를 선택해 '선택 영역' 부분을 클릭해요.

선택 영역의 해제
Ctrl + D

04 위와 같은 방법을 이용해 색을 채워 '울보' 카툰을 완성해요.

134

혼자서 뚝딱뚝딱

① '필압' 도구를 이용해 드로잉한 후 채색하여 '개구쟁이' 카툰을 완성해요.

◎ 연습파일 : 21강_개구쟁이.sai　　● 완성파일 : 21강_개구쟁이_완성.sai

② '필압' 도구를 이용해 드로잉한 후 채색하여 '잠꾸러기' 카툰을 완성해요.

◎ 연습파일 : 21강_잠꾸러기.sai　　● 완성파일 : : 21강_잠꾸러기_완성.sai

나도 웹툰 작가

직유, 은유, 풍자 등 모든 표현방식을 동원하여 유머러스한 아이디어로 그려 인터넷에 연재하는 웹툰을 그리는 방법을 배워요.

학습
목표
● '레이어 채우기'를 이용하는 방법을 알아봅니다.
● 배경을 만드는 방법을 알아봅니다.

 웹툰

웹툰(Webtoon)은 웹(Web) 카툰(Cartoon, 만화)의 합성어로, 인터넷에 출판되는 형식의 만화를 의미해요. 최신 트렌드의 반영으로 인해 웹툰은 드라마, 영화 등 다양한 매체의 문화산업에 이르고 있어요.

01 웹툰을 만들어요.

유머러스한 아이디어로 이야기를 그림으로 표현하는 웹툰을 그려요.

01 '22강_웹툰Ⅰ.sai' 파일을 불러와요. '스케치라인 레이어'를 클릭하고 [라인워크 레이어](🖊)를 추가한 후 도구 : [곡선](🖊), 붓 크기 : [3.5]를 선택하여 '웹툰Ⅰ' 스케치를 드로잉한 후 [필압](🖊) 도구를 이용해 그림과 같이 선을 굵고 가늘게 표현해요.

02 채색을 하기 위해 '스케치라인 레이어'를 선택한 후 [일반 레이어](📄)를 추가해요.

03 색을 채울 부분을 선택하기 위해 '라인워크1 레이어'를 선택한 후 [자동 선택](🪄) 도구를 선택하여 그림과 같은 부분을 클릭해요.

04 '선택 영역'에 색을 채우기 위해 추가한 '레이어1'을 선택한 후 [컬러 써클](🔵)에서 색을 선택하고 [페인트통](🪣) 도구를 선택해 '선택 영역' 부분을 클릭해요.

05 위와 같은 방법을 이용해 색을 채워 '웹툰 I'을 완성해요.

배경을 디자인해요.

완성한 '웹툰 I'을 더 재미있게 표현하기 위해 그림에 어울리는 배경을 만들어요.

01 배경을 만들기 위해 '스케치라인 레이어'를 선택하고 [일반 레이어]( )를 추가한 후 [RGB 슬라이더]( )를 (R:255,G:146,B:150)으로 조정하고 [레이어] 메뉴에서 [레이어 채우기]를 클릭해요.

02 배경을 그리기 위해 '레이어 리스트'에서 '레이어2'를 제외한 모든 레이어는 [레이어의 표시 · 숨김]( )을 선택해 모두 숨겨요.

03 [RGB 슬라이더]( )를 (R:255,G:131,B:156)으로 조정한 후 도구 : [연필]( ), 붓 크기 : [100]을 선택하여 그림과 같이 그려요.

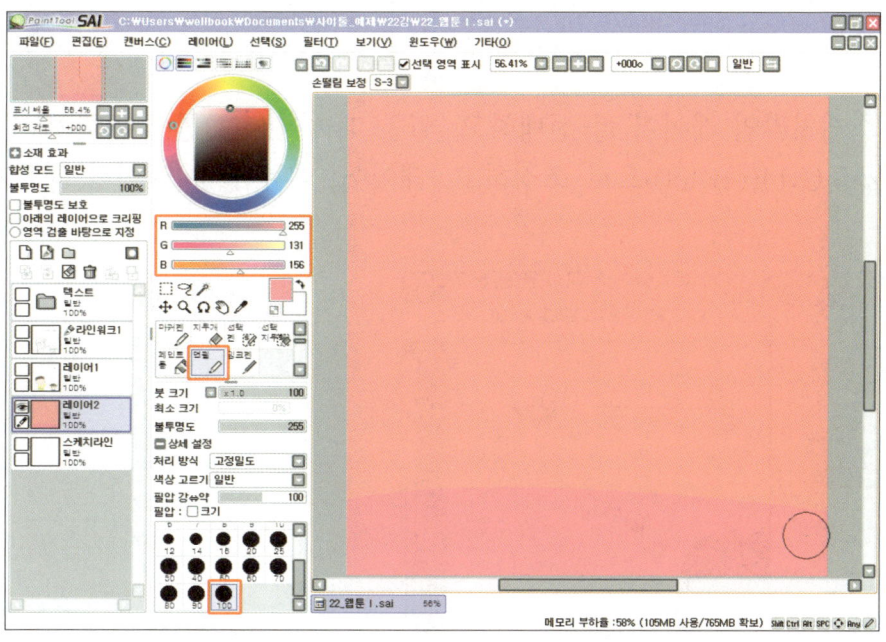

04 배경이 완성되면 [레이어의 표시·숨김]( )을 선택해 숨겨진 모든 '레이어'를 표시하여 배경이 있는 '웹툰Ⅰ'을 완성해요.

혼자서 뚝딱뚝딱

1 배경을 그려 배경이 있는 '웹툰Ⅱ'을 완성해요.

◎ 연습파일 : 22강_웹툰Ⅱ.sai　● 완성파일 : 22강_웹툰Ⅱ_완성.sai

2 배경을 그려 배경이 있는 '웹툰Ⅲ'을 완성해요.

◎ 연습파일 : 22강_웹툰Ⅲ.sai　● 완성파일 : 22강_웹툰Ⅲ_완성.sai

23강 코믹만화 그리기

코믹만화에서 상당히 큰 비중을 차지하는 만화 캐릭터의 표정을 재미있게 그리고 말풍선을 더해 만화를 코믹하게 표현하는 방법을 배워요.

학습 목표
- '에어브러쉬' 도구를 사용하는 방법을 알아봅니다.
- '흐리게' 도구를 사용하는 방법을 알아봅니다.

 **코믹만화**

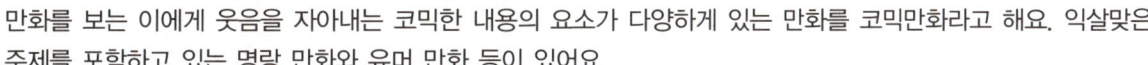

만화를 보는 이에게 웃음을 자아내는 코믹한 내용의 요소가 다양하게 있는 만화를 코믹만화라고 해요. 익살맞은 주제를 포함하고 있는 명랑 만화와 유머 만화 등이 있어요.

말풍선을 그려요.

만화를 더욱더 재미있게 표현하기 위해 말풍선이 있는 코믹만화를 드로잉해요.

01 '23강_코믹만화.sai' 파일을 불어와요. 드로잉을 하기 위해 [라인워크 레이어](📝)를 추가한 후 '도구 패널'에서 도구 : [곡선](🎵), 붓 크기 : [3.5]를 선택해 그림과 같이 드로잉해요.

02 채색을 하기 위해 '스케치라인 레이어'를 선택한 후 [일반 레이어](📄)를 추가해요.

03 색을 채울 부분을 선택하기 위해 '라인워크1 레이어'를 선택한 후 [자동 선택](✎) 도구를 선택하여 그림과 같은 부분을 클릭해요.

04 '선택 영역'에 색을 채우기 위해 추가한 '레이어1'을 선택한 후 [컬러 써클](◎)에서 색을 선택하고 [페인트 통](✎) 도구를 선택해 '선택 영역' 부분을 클릭해요.

선택 영역의 해제
Ctrl + D

05 위와 같은 방법을 이용해 색을 채워 '코믹만화 I'을 완성해요.

06 '얼굴 부분'을 꾸미기 위해 '라인 워크1 레이어'를 선택한 후 [자동 선택]( ) 도구를 선택해 색이 채워진 '얼굴 부분'을 클릭해요.

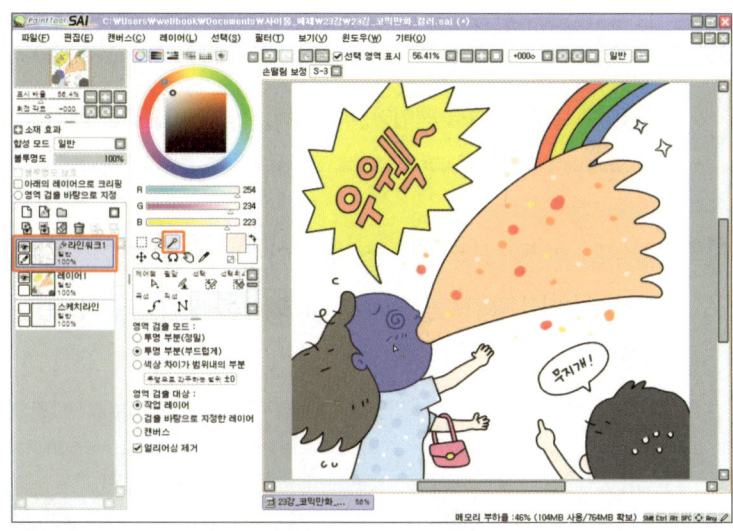

07 '에어 브러쉬' 도구를 이용해 색을 칠하기 위해 [RGB 슬라이더]( )를 (R:157,G:189,B:234)로 조정하고, 도구 : [에어브러쉬]( ), 붓 크기 : [100]을 선택해 그림과 같은 부분에 칠해요.

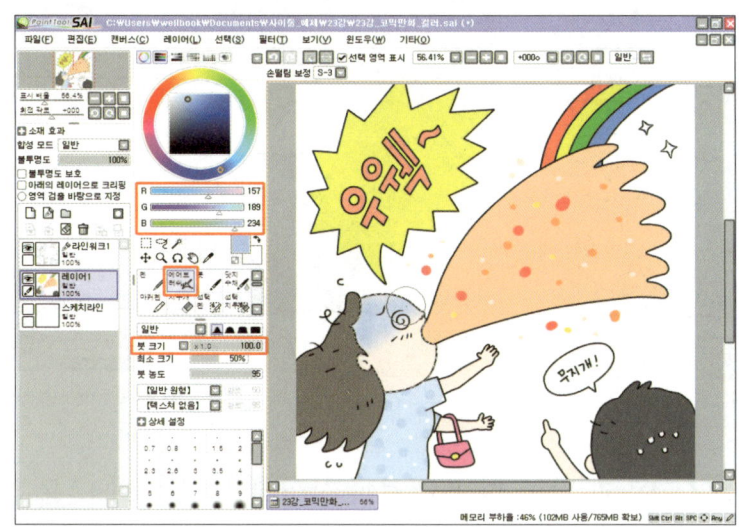

08 '사용자 지정 도구'에서 [흐리게]( ) 도구를 선택해 '에어 브러쉬'를 이용하여 칠한 부분을 드래그하여 흐리게 표현해요.

완성된 그림에 배경 레이어를 추가해 그림과 어울리는 배경을 만들어요.

01 배경을 만들기 위해 '스케치라인'을 선택한 후 [일반 레이어](📄)를 추가하고, 배경색을 채우기 위해 [RGB 슬라이더](🌈)를 (R:159,G:160,B:180)으로 조정하고, Alt + Delete 를 눌러요.

02 그림과 같이 회색 배경이 삽입된 '코믹만화Ⅰ'를 확인해요.

1 배경이 삽입된 '코믹만화II'를 완성해요.

◎ **연습파일** : 23강_코믹만화II.sai　● **완성파일** : 23강_코믹만화II_완성.sa

2 배경이 삽입된 '코믹만화III'를 완성해요.

◎ **연습파일** : 23강_코믹만화III.sai　● **완성파일** : 23강_코믹만화III_완성.sai

24강 순정만화 그리기

청순해 보이는 눈에 붉은 앵두 빛 입술이 떠오르는 순정만화에 나오는 주인공을 그리고 채색하는 방법을 배워요.

학습
목표

● 순정만화를 그리는 방법을 알아봅니다.
● 얼굴을 채색하는 방법을 알아봅니다.

 순정만화

여성들을 주 독자층으로 하는 만화를 말해요. 여성 만화가들이 많이 그리는 편으로 흔하지는 않지만, 남자 중에서도 보는 사람들이 있고 남자 만화가가 순정만화를 그리는 경우도 있어요.

순정만화의 주인공을 그려요.

순정만화에 나오는 청순해 보이는 눈에 붉은 앵두 빛 입술이 떠오르는 주인공을 그려요.

01 '24강_순정만화Ⅰ.sai' 파일을 불러와요. 드로잉을 하기 위해 [라인워크 레이어](✏️)를 추가한 후 [RGB 슬라이더](🌈)를 (R:118,G:094,B:088)로 조정하고, 도구 : [곡선](🌀), 붓 크기 : [4]를 선택해 드로잉을 한 후 [필압](🖌️) 도구를 이용해 선을 굵고 가늘게 표현해요.

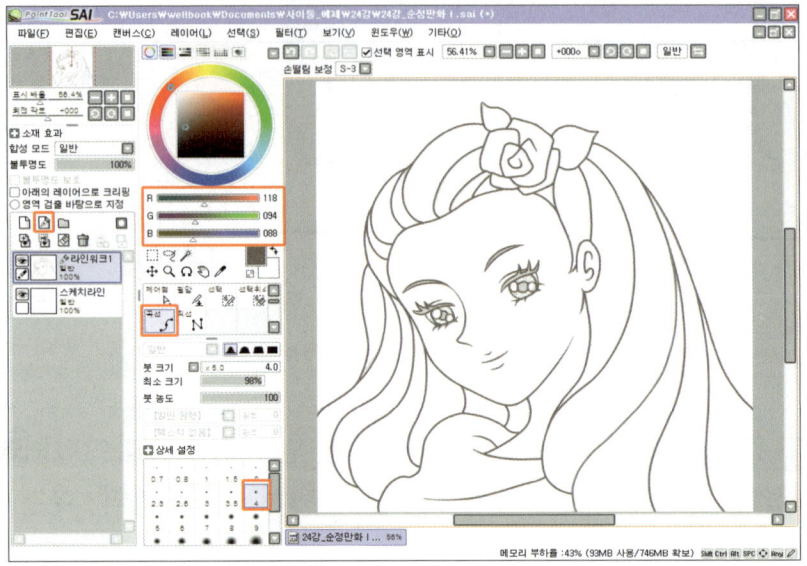

02 드로잉이 완성되면 채색을 하기 위해 '스케치라인'을 선택한 후 [일반 레이어](📄)를 추가해요.

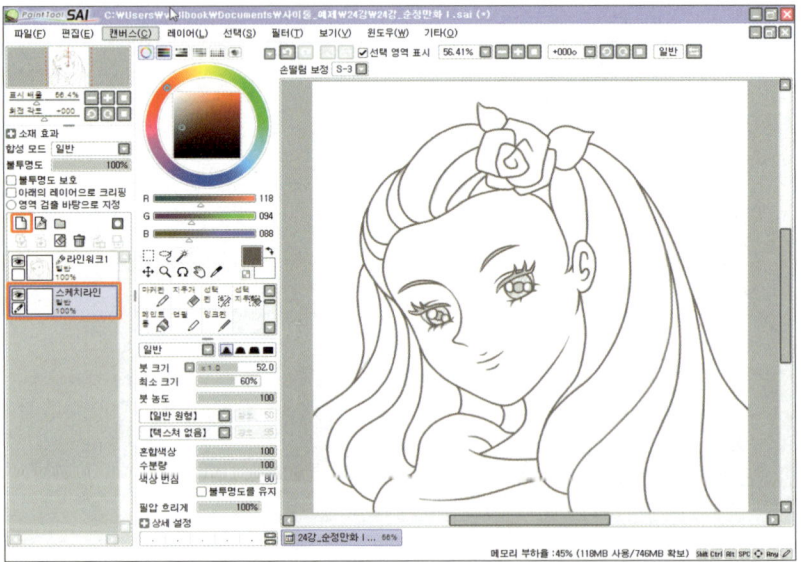

03 색을 채울 부분을 선택하기 위해 '라인워크1 레이어'를 선택한 후 [자동 선택](🪄) 도구를 선택하여 그림과 같은 부분을 클릭해요.

04 '선택 영역'에 색을 채우기 위해 추가한 '레이어1'을 선택한 후 [RGB 슬라이더](🎨)를 (R:202,G:177,B:161)로 조정하고 [페인트 통](🪣) 도구를 선택해 '선택 영역' 부분을 클릭해요.

선택 영역의 해제

Ctrl + D

05 위와 같은 방법으로 색을 채워 '순 정만화Ⅰ'를 채색해요.

> 헤어 색
> (R:202,G:177,B:161), (R:180,G:154,B:150),
> (R:180,G:172,B:165)

06 순정만화 주인공 얼굴에 볼터치를 하기 위해 [RGB 슬라이더]( )를 (R:255,G:179,B:168)로 조정한 후 도구 : [에어브러쉬]( ), 붓 크기 : [100], 최소 크기 : [100], 붓 농도 : [60]을 선택하여 그림과 같은 부 분을 클릭해요.

07 볼터치를 흐리게 표현하기 위해 [흐리게]( ) 도구를 선택하고 붓 크기 : [50], 최소 크기 : [60], 붓 농도 : [100]을 선택해 그림과 같이 볼터치 부분을 드래그해요.

08 입술을 표현하기 위해 [에어브러쉬]( ) 도구를 선택한 후 붓 크기 : [60], 최소 크기 : [50], 붓 농도 : [70]을 선택해 그림과 같이 '입술 부분'을 클릭해요.

09 마지막으로 포인트를 주기 위해 [연필]( ) 도구를 선택한 후 붓 크기 : [7], 불투명도 : [255]를 선택해 그림과 같은 부분을 클릭하여 '순정만화 I'를 완성해요.

1 '순정만화Ⅱ'를 드로잉한 후 채색하여 완성해요.

◎ **연습파일** : 24강_순정만화Ⅱ.sai　　● **완성파일** : 24강_순정만화Ⅱ_완성.sai

2 '순정만화Ⅲ'를 드로잉한 후 채색하여 완성해요.

◎ **연습파일** : 24강_순정만화Ⅲ.sai　　● **완성파일** : 24강_순정만화Ⅲ_완성.sai

MEMO

MEMO

MEMO

사이툴로 그리는 재미있는 미술교실

초판 3쇄 발행_2017년 12월 15일

지은이 이종선
발행인 임종훈   **편집인** 강성재
표지 · 편집디자인 인투
출력/인쇄 동양인쇄주식회사
주소 서울특별시 영등포구 당산동5가 33-1(양평로 67) 한강포스빌 518호
주문/문의전화 02-6378-0010 **팩스** 02-6378-0011
홈페이지 http://www.wellbook.net

발행처 도서출판 웰북

ⓒ 도서출판 웰북 2017
ISBN 979-11-86296-43-1 13000

사이툴로 그리는

재미있는 미술교실

WellBook

Well Life, Well Book